国家出版基金项目
NATIONAL PUBLICATION FOUNDATION

中国人的美德

ZHONGGUORENDEMEIDE

经历数千年传承、融汇时代精神的美德，是中国人思想道德的灵魂，是构筑中国人时代精神的血脉，更是中华民族伟大复兴的根基。

焦国成◎主编
刘喜珍◎编著

勤

天津出版传媒集团
天津人民出版社

图书在版编目(CIP)数据

　勤 / 刘喜珍编著. -- 天津：天津人民出版社，
2013.7

　（中国人的美德 / 焦国成主编）
　ISBN 978-7-201-08287-5

　Ⅰ. ①勤… Ⅱ. ①刘… Ⅲ. ①品德教育–中国–青年
读物②品德教育–中国–少年读物 Ⅳ. ①D432.62

　中国版本图书馆 CIP 数据核字(2013)第 171544 号

天津人民出版社出版
出版人：黄　沛
（天津市西康路 35 号　邮政编码：300051）
邮购部电话：（022）23332469
网址：http://www.tjrmcbs.com
电子信箱：tjrmcbs@126.com
三河市同力印刷装订厂

2013 年 7 月第 1 版　2013 年 7 月第 1 次印刷
787×1092 毫米　16 开本　10 印张　1 插页
字数：100 千字
定　价：29.80 元

　　"美德"是什么？在有些人看来，就是埋头傻干而不计报酬多少，与人交往而甘愿事事吃亏，不考虑个人得失而时时奉献，因此，"美德"不过是忽悠傻瓜的招数，"高尚"无非是中招儿的蠢人才会去追求的做人境界。在这些"智者"的眼里，只有名利权位、声色犬马才是值得去追求的，而"美德"则不值一文。这种想法让我们想到了丛林中的狐狸和狼。那些"智者"的智慧，也不过是丛林之中狐狸和狼的智慧。对狐狸和狼来说，甚至对只图利益的小人来说，美德确实什么都不是。但是我们到底是要把市场经济下的社会建设成一个美好的人类世界，还是要把它变成一个绿色丛林？丛林之中，没有谁永远都是强者，即使老虎、狮子也不例外。当那些信奉丛林规则的"智者"成为"更智者"爪下的一块肉时，他的智慧又在哪里？

　　孟子说："得道者多助，失道者寡助。寡助之至，亲戚畔之；多助之至，天下顺之。"（《孟子·公孙丑下》）利己主义者的智慧是一种小

1

聪明,虽然可以暂时得利,但这种利总是有"害"相跟随。因为占了别人的便宜,固然可以一时得意,但当被千夫所指的时候,他的得意也就不在了。前乐而后苦、开始得意而日后途穷的智慧,无论如何也不能说是一种高妙的智慧。真正的赢家应该是淡泊名利、以德服人的人。

在有美德的人看来,有损美德的利益不是一种利,反而是一种害。正如孔子所说:"不义而富且贵,于我如浮云。"(《论语·述而》)避开了不符合道义的利益,同时也就避开了它可能导致的害。俗语也说:"为人不做亏心事,半夜敲门心不惊。"具有美德的人,善于约束自己,仰不愧于天,俯不怍于人,心里坦坦荡荡,安宁舒畅。能使自己愉悦幸福一生的,莫过于美德。代代相传的"富润屋,德润身"箴言,是以往高贤大德的切身体验,绝非忽悠人的虚言。

有美德的人讲仁讲义,乐于助人,乐于成人之美,这有助于消融人与人之间的冷漠和对立,增进人与人之间的和谐与合作。团结就是力量,合作强于孤军作战。人之所以能够胜过万物,就在于人与人之间能够合作。

美德是立于不败之地的精神力量。有美德的人,是在爱人中爱己,在利人中利己,在使众人快乐中获得自己的快乐。因为他行事

中 国 人 的 美 德

以德,故服人不靠威势武力;因为他爱人利人,故能把自己与大众连为一体。因此,孟子才说"仁者无敌"。

美德是可以惠及整个社会和子孙万代的精神财富。孔子曾经提出过"惠而不费"的君子智慧。在他看来,"因民所利而利之"的德政是惠而不费的。如果我们能把孔子的思想发挥一下,使美德真正成为每一个人的操守,社会将变得更加美好。做父母的有慈的美德,天下的儿童就都幸福了;做子女的有孝的美德,天下的老人就都幸福了。同样,每个社会位置上的人都有美德,天下就会是一个大道流行、人人幸福的世界。这就是真正的"惠而不费"。

新中国成立已有六十余年,改革开放已经三十余年,我国的社会主义建设取得了令世界瞩目和赞叹的成就,中国人民过上了小康的幸福生活。然而中国社会的道德风气却不尽如人意:急功近利的追求、冷漠的处世态度、庸俗的休闲生活,已经成为许多人的生活写照。腐败现象屡禁不止,法纪的权威性受到挑战,潜规则大行其道,假冒伪劣层出不穷,这已经是伴随市场经济的发展而出现的司空见惯的社会现象。道德的沙漠化现象开始初露端倪。因此,道德文明的建设已经显得比任何时候都更加迫切。

历经数千年传承、融汇时代精神的美德,是中国人思想道德的灵魂,是构筑中国人时代精神的血脉,更是中华民族伟大复兴的根基。

为了弘扬美德,我们组编了《中国人的美德》丛书。丛书针对市场上缺少入情、入理、入心的道德教育读物的现状,专门为广大未成年人精心打造。要改善社会的道德风气,提高社会的道德水平,就要有好的读物。本丛书力求适应这一社会需求,将中华民族的传统美德、优秀的革命道德和时代精神完美融合,将传统精神和时代精神、文化继承和文化创新有机结合起来,力求凸显社会主义道德的中国特色和民族道德传统的历史延续性;在保证其通俗性、可读性的同时,力求有一定的创新性。如果此套丛书能够激发起广大未成年人对中国人的美德的兴趣和向往,我们将感到无上的荣幸和欣慰!

焦国成

2013 年 6 月于北京

中 国 人 的 美 德

Mulu /目录/

第一辑

解析篇

JIEXIPIAN

勤

　　勤劳是古代农耕社会的基本要求,所谓"人
缺地的工,地缺人的粮",就是说要勤劳耕作,才
会有丰收的年景,这正是"天道酬勤"的本真含
义。传说神农"斫木为耜,揉木为耒,耒耨之利,
以教天下"(《易经·系辞》)。耒耜是炎帝神农制
作的耕播工具,它是农耕经济的重要标志。使用
农具尽力劳作,这就是勤劳。勤劳作为中华民族
的传统美德,体现在日常生活、学习与工作、品
行修养三个方面,其基本要求分别是"执劳辱之
事"、勤学敬业、"止于至善"。人们往往把"勤"与
"苦"联系在一起,"勤"当然是要能吃苦,但如果
"勤"只剩下一个"苦"字,那就令人苦不堪言。
"勤"是一种吃苦耐劳的精神,是一种对事业专
心致志的态度,是一种善于思考、不断创新的智
慧。充分发挥特长、目标始终如一,再加上正确
的方法,这就是"勤以处乐"的秘诀。

"勤"字溯源

"勤"的文字起源

许慎《说文解字》云："勤，劳也，从力。"意思是说，"勤"体现为劳动、出力。在金文中，"勤"字写作。从"勤"的字形构成来看，其左半部分为"堇"，右半部分为"力"，是一个既象形又表意的汉字。"堇"即堇菜，是一种多年生草本植物，其根如芥，叶如细柳，边缘有锯齿，春末开带有紫色条纹的白花，果实椭圆形，

金文

小篆

全草可入药。然而，这里的"堇"不仅指堇菜，而是泛指一切农作物。金文"勤"字右半部分的"力"实际上是一种用于耕作的农具。由此可见，"勤"在金文中直接表达着用某种农具来耕耘或种植农作物之意。小篆"勤"的字形构造与金文相似，只不过其右半部分既可以看做是一种农具，也可以看成是一个人站着用双手在劳作。

不论是金文的"勤"，还是小篆的"勤"，其字形构造都与我国古代农耕生产存在密不可分的关系。古代中国是一个典型的农业社会，农耕经济是社会生产的主要形式，从客观上看，这种经济结构是由当时封闭的地理环境与发达的水系资源直接决定的。古老的华夏大地东临太平洋，南临印度洋，西部有戈壁黄沙、横断山脉与青藏高原，北部为大漠和原始森林所阻，陆路交通十分险恶。虽然有着很长的海岸线，但波涛汹涌的大海更使人们望洋兴叹。所以，在相当长的一段时间里，古代中国与外部世界几乎没有什么往来，

处于一种封闭状态。但在相对封闭的地理圈内部，平原、草原十分广阔，河流众多，水草肥美，人口也相对集中，有利于发展农耕经济与畜牧业。考古发掘出的河套文化、河姆渡文化、仰韶文化、龙山文化等作为华夏文明的重要源头，大多诞生在河谷地带与冲积平原。在这些文化遗址里，考古工作者发现了古代用于伐木的石斧、石凿，还有石镰、蚌镰等磨制石器，农耕用的骨耜，狩猎用的骨镞等，还发现了大量的稻谷遗

迹，这些情况表明农

耕已成为当时的主要生产

形式。古代社会的农耕生产虽然在

很大程度上是靠天吃饭，但其收成的好坏

同时取决于劳动者体力支出的多少，由此，勤劳成为农耕经济生产

的必然要求，并成为农耕社会中劳动者的一种美德。

所谓"三百六十行，种田为上"，反映了农耕经济社会种田、耕
地的重要性。俗话说"要得五谷丰，不缺田的工。要吃白米饭，常去
田边转"，"人怕松，地怕荒。人能兴地，地能兴人。人要吃饱，地要灌
好。人要不勤，五谷不中"，"人勤地不懒，庄稼凭人管；人勤地生宝，
人懒地长草"，人勤则"粮多囤满"。这样的农谚不胜枚举，反映了勤
劳与否同农耕生产及其收成好坏之间有不可分割的内在关联。

"勤"的字义概述

"勤"字主要有动词、形容词、副词、名词四种词性变化及其相
应内涵。

作为动词的"勤"，主要有三种含义。

其一，表示劳作，即尽力做事、勤于问学、勤于政务，不偷懒。
如，勤劳、勤学、勤政。"勤劳稼穑"（《尚书·无逸》）、"昼夜勤作息"
（《玉台新咏·古诗为焦仲卿妻作》），是指勤于农耕与纺织。"勤且艰

若此"(宋濂《送东阳马生序》)之"勤"是指勤奋苦学。"忧勤国事"(《明史》)乃指勤于政务、为国效力。

其二,为某人某事尽力,如"勤民""勤王"。《晋书·谢安传》载:"夏禹勤王,手足胼胝。"这里的"勤王"就是指尽力于王事。"勤"还表示"帮助"。《国语·晋语二》载:"秦人勤我矣。"其中的"勤"表示"帮助"之意。《左传·僖公二十五年》载:"求诸侯莫如勤王。"这里的"勤"是指起兵救援。

其三,通"尽",表示竭、完。如,"绵绵若存,用之不勤"(《老子·六章》);"力勤则匮"(《淮南子·主术》)。

"勤"作形容词时,表劳倦、辛苦之意。如,"或问民听勤"(《法言·先知》);"万民多有勤苦冻馁"(《墨子·兼爱下》)。另外也表示"殷勤",如勤恳即殷勤恳切,勤心即殷勤的心意,勤企即殷切的思念,勤伫即殷切思念。"勤"作副词时,表示常常、次数多。如,"愿得勤来看,无令便逐风。"(韩愈《木芙蓉》)"勤"作名词时,表姓,还指在规定的时间内准时到岗的劳动,如出勤、满勤、勤务。

"勤"德的要求

"勤"作为一种行为规范，其传统道德内涵主要体现在三个方面：一是"执劳辱之事"，这是日常生活的道德要求；二是勤学敬业，这是求学与工作的行为准则；三是"止于至善"，这是关于个人的知识积累与品行修养的境界要求。

"执劳辱之事"

一生之计在于勤，"勤"是立身之本。许慎在《说文解字》中将"勤"解释为"执劳辱之事"，就是说要勤于做繁杂、辛劳的日常事务，不偷懒，这里主要是指勤于农务。《三字经》上说："勤有功，戏无益，戒之哉，宜勉力。"行一时之勤并不难，难的是持之以恒。因此，历代先贤十分重视从小培养子女勤劳的品质。敬姜是鲁大夫公父文伯之母，她曾语重心长地教导儿孙："夫民劳则思，思则善心生；逸则淫，淫则忘善，忘善则恶心生。沃土之民不材，淫也；瘠土之民莫不向义，劳也。"（《国语·鲁语下》）淫由逸生的警训成就了鲁大夫文伯，也使敬姜成为历史上有名的贤母。"民生在勤，勤而不匮。"（《左传·宣公十二年》）"勤"是民生之本，只有勤劳，才能不断地创造社会物质财富，永不匮乏。

明代进士霍韬要求儿侄既勤奋学习，又勤于劳作，做到学习与务农两不误。他说："幼事农业，则习恒敦实，不生邪心。幼事农业，力涉勤苦，能兴起善心，以免于罪戾。故子侄不可不力农作。"

（霍韬《家训》）他要求"子侄入社学，遇农时俱暂力农，一日或寅卯力农，未申读书；或寅卯读书，未申力农；或春夏力农，秋冬读书，勿袖手坐食，以致穷困"（霍韬《家训》）。他主张社学的老师将务农作为考察社学生的一项重要内容，学生违反此规定者要受到相应的责罚："凡社学师，须考社学生务农力本，居家孝悌，以纪行实。乡间骄贵子弟，耻力田勿强。本家子侄兄弟，入社学耻力田，耻本分生理，初犯责二十，再犯责三十，三犯斥出，不许入社学。"（霍韬《家训》）这可以视为古代勤工助学的较早规定。嘉靖癸丑进士、两浙盐运使史桂芳要求子女做到的"不外一'劳'字"（《惺堂文集·训家人》）。同为清代进士的庞尚鹏将"勤"作为修身的重要德目之一，他说："孝、友、勤、俭四字，最为立身第一务，必真知力行。"（《庞氏家训·务本业》）

　　清康熙年间文华殿大学士兼礼部尚书张英要求子女下乡耕读、纺织，认为这样既有利于培养孩子们勤劳的习惯，又能充实他们的日常生活。晚清重臣曾国藩以"清、慎、勤"作为"自概之道"，"清"即"廉"，"慎"即"谦"，"勤"即"劳"（《曾国藩家书致九弟季弟·做人须清廉谨慎勤劳》）。他对子女的教育"唯以勤俭谦三字为主"（《曾国藩家书致四弟·教子勤俭为主》），以习劳苦为第一要义。他说："凡一家之中，勤敬二字，能守得几分，未有不兴，若全无一分，未有不败。"（《曾国藩家书致诸弟·在家宜注重勤敬和》）即使在战事期间，他也不忘告诫儿女子侄们"总以谦勤二字为主，戒傲惰"，因为此乃"保家之道也"（《曾国藩家书致四弟·教子侄做人要谦虚勤劳》）。他在给儿子纪鸿的信中写道："勤俭自持，习劳习苦，可以

处乐，可以处约，此君子也。……尔年尚幼，切不可贪爱奢华，不可惯于懒惰。无论大家小家、士农工商，勤苦俭约未有不兴，骄奢倦怠未有不败。"(《曾国藩家训》)勤劳习惯的养成需从身边小事做起，他曾写信批评诸位弟弟没有养成收拾洁净的良好习惯，敦促他们："嗣后务宜细心收拾，即一纸一缕，竹头木屑，皆宜捡拾，以为儿侄之榜样，一代疏懒，二代淫佚，则必有昼睡夜坐，吸食鸦片之渐矣，四弟九弟较勤，六弟季弟较懒；以后勤者愈勤，懒者痛改，莫使子侄学得怠惰样子，至要至要！子侄除读书外，教之扫屋抹桌凳，收粪锄草，是极好之事，切不可以为有损架子而不为也。"(《曾国藩家书致诸弟·在家宜注重勤敬和》)注重勤理家事，反对懒惰懈怠，并要求长辈以身作则，体现了曾国藩独特的教子之方，这也是曾氏家族拜相封侯的秘诀所在。

勤学敬业

勤学敬业、精益求精，这是"勤"字在学习与工作方面的具体行为要求。礼、乐、射、御、书、数是古代儒家要求学生掌握的六种基本技能。《周礼·保氏》载："养国子以道，乃教之六艺：一曰五礼，二曰六乐，三曰五射，四曰五驭，五曰六书，六曰九数。"具体来说，"礼"指礼节，"乐"指音乐，"射"指射箭技术，"御"指驾驭马车的技术，"书"指书法，"数"指算法与计数。《尚书》云："人而不学，犹其正墙面而立。"学以启智，习以成行。一日之计在于晨，一岁之计在于春，一生之计在于勤。韩愈说："业精于勤，荒于嬉；行成于思，毁于随。"勤奋学习是成才的重要途径。古有苏秦锥刺股、孙敬头悬梁、刘绮燃荻读书、苏廷吹火读书、常林带经耕锄、李密牛角挂书、董仲舒三年不窥园、匡衡凿壁偷光、车胤囊萤读书、葛洪借书苦读、陆羽弃佛从文、玄奘苦学佛法、岳飞学艺、万斯同闭门苦读、顾炎武读破万卷书、蒲松龄草亭路问等佳话。"书中自有颜如玉,书中自有黄金屋。"在古代中国社会,发愤苦读是平民百姓改变自己命运的重要途径。"宝剑锋从磨砺出,梅花香自苦寒来",勤学苦练也是成就文臣武将的必由之路。

诸葛亮在《诫子书》中写道:"夫学须静也,才须学也。非学无以广才,非志无以成学。韬慢则不能励精,险躁则不能冶性。"要想求得真知,必须安定身心、潜心钻研。懒散怠慢则不能励精图治,冒险妄为则不能陶冶性情。一个人的才能需要通过不断的学习加以积累,除了狠下苦功,没有任何其他办法可以增长才能,并学有所成。

勤学敬业是学有所长、业有所兴的前提条件,而精益求精则是成就一番功业必不可少的内在功夫。所谓精益求精,是指对学问与技艺的追求好了还求更好、永无止境。《诗经·国风·卫风》写道:"有匪君子,如切如磋,如琢如磨。"切磋与琢磨都是讲学习与修业要深入探究、反复思考。《尔雅·释器》解释道:"骨谓之切,象谓之磋,玉谓之琢,石谓之磨。"《尔雅·释训》云:"如切如磋,道学也。如琢如磨,自脩也。"对此,南宋朱熹注解道:"言治骨角者,既切之而复磋之;治玉石者,既琢之而复磨之,治之已精,而益求其精也。"颜之推是我国南北朝时著名的教育家,他说:"自古明王圣帝,犹须勤学,况凡庶乎!"又说:"人生在世,会当有业;农民则计量耕稼,商贾则讨论货贿,工巧则致精器用,伎艺则沈思法术,武夫则惯习弓马,文士则讲议经书。"可见,勤奋不仅是对读书人的要求,要做到术业有专攻,各行各业的人都要发奋努力、苦钻业务;浅尝辄止则半途而废。

有这样一个故事。隐峰师从马祖禅师三年,自以为得道,于是告别马祖,准备到石头禅师那里试一试禅道。马祖看他有些心浮气躁,提醒他:"小心啊,石头路滑。"隐峰不以为然。他一到石头禅师处,就绕着法座走了一圈,得意地问道:"你的宗旨是什么?"石头禅师看都没看他一眼,两眼朝上说:"苍天!苍天!""苍天"表示自性的虚空。隐峰无言以对,只好回到马祖那里。马祖得知事情的始末,对隐峰说:"你再去问问,等石头禅师说'苍天',你就'嘘嘘'两声。"隐峰如获至宝,心想:你石头用"苍天"表示虚空,到底还有文字;而我用"嘘嘘"表虚空,不沾文字,岂不妙哉!于是他自信满满地来到了石头禅师处,绕法座一圈后,问了同样的问题,岂料石头禅师先朝他"嘘嘘"两声,这让隐峰措手不及,他惊呆了,当初的自满傲慢一扫而空。隐峰丧气而归,毕恭毕敬地站在马祖面前,悉听教诲。半桶水摇晃得厉害,而满满一桶水则稳稳当当。隐峰初闻禅道便自鸣得意,结果碰壁而归,如果他谙熟精益求精之道,定能悟得禅道之精妙。

"止于至善"

勤奋学习、努力实践的目的不仅在于积累知识以明万理,也是为了修身养性而"止于至善"(《大学》)。求真、向善、趋美是人类实践与认识活动的根本目的,也是"勤"字对于个体的知识积累及其品德修养的三种境界要求。

《中庸》曰:"或生而知之,或学而知之,或困而知之,及其知之一也。"生而知之即不学而知,这仅对动物的本能行为是有效的。"学而知之"与"困而知之"实质上是一样的,即都要通过后天的学习与实践才能获得真知。儒家主张"博学之,审问之,慎思之,明辨之,笃行之"(《中庸》),即广博地学习、审慎地思考、明了地辨析、切实地践行,也就是要做到学、问、思、辨、行高度一致,这种一致性就是求真、向善、审美的有机统一。

颜之推说:"夫所以读书学问,本欲开心明目,利于行耳。"(《颜氏家训·勉学》)发奋读书、勤于问学,目的在于启迪心智、明察世事,这样有利于人们正确地行动。"好学近乎知,力行近乎仁,知耻近乎勇。知斯三者,则知所以修身;知所以修身,则知所以治人;知所以治人,则知所以治天下国家矣。"(《中庸》)好学以求知,力行以施仁,知耻而勇进。进一步来看,求知是为了修身,修身是为了治人,治人是为了统理天下国家。"学之所知,施无不达。"(《颜氏家训·勉学》)一统天下而施惠于民,这是勤读书、做学问的最高价值目标。

《礼记·大学》曰:"大学之道,在明明德,在亲民,在止于至善。"朱熹解释说:"止者,必至于是而不牵之意;至善,则事理当然之极也。言明明德、亲民,皆当至于至善之地而不迁。"他认为,"止于至善"是近乎天理之极而无一毫人欲之私。通过明辨真假、是非、美丑、善恶,而达到"止于至善"的完美境界。"止于至善"对于佛家而言，就是通过涅槃来脱离俗世的苦厄，参得万物之本真。对于道家而言，就是通过坐忘、心斋，以绝圣弃智、绝仁弃义，在返璞归真中实现逍遥游。对于儒家来说，"止于至善"就是入尘世来担当义理之重任，通过内圣外王的勤修苦练来实现修身、齐家、治国、平天下的宏伟目标。

勤德的当代实现

"勤"与"专"

　　"勤"作为一种美德,首先体现为一种专注的态度,即专心致志地做事、扎扎实实地工作。对所从事的职业、所追求的事业高度关注,把它视为毕生的志业、人生的追求、生存的要义,乃至生命的存在方式,远离尘世的喧嚣、拒斥名利的诱惑,保持心灵的高度宁静和思想的绝对自由,脚踏实地、不畏艰险、勇往直前,这就是专注的态度,是勤德的根本要求。唯如此,才能守望心灵的净土,在默默耕耘中孕生智慧之果。中国科学院李醒民研究员为了潜心学术研究,提出"六不主义",即不当官浪虚名,不下海赚大钱,不开会耗时间,不结派费精力,不应景写文章,不出国混饭吃,体现了一个学者对学术潜心钻研的态度与对事业孜孜以求的精神。

　　"认准的路一定要走到底。"这是杂交水稻之父袁隆平成功的秘诀,朴实的话语饱含着一位科学家为解决中国人吃饭的大问题而不懈奋斗、执着追求的专注态度与满腔热忱。袁隆平在童年时代就立志学农,大学毕业来到农村时,人们围观饿尸的场景让他终生难忘。面对农村的落后、贫瘠与饥饿,"所有人不再挨饿"成为他终身的追求。在杂交水稻研究屡遭挫折与干扰时,他从不言弃,而是百折不挠、迎难而上。在取得举世瞩目的成就时,他未止步不前,而是依然执着于水稻育种事业,投身到"超级稻"的研究工作中,像往常一样风尘仆仆地骑着摩托车去试验田,从北到南察看育种基地。

水稻像高粱那么高，穗子像扫把那么长，颗粒像花生米那么大，几个朋友就坐在稻穗下面乘凉，这是袁隆平的新梦想。少年时期放飞梦想，中年时期追逐梦想，古稀之年开启新的梦想之航。梦想的实现靠的是勤奋，靠的是专注，一生的勤奋与专注成就了袁隆平这个价值一千亿元的名字。

"勤"与"思"

"学而不思则罔，思而不学则殆。"勤奋离不开思考，只有思考才能把握要领、求得真知。一名勤奋的击剑手问师父："按现在这种方法练剑，您认为我需要多少年才能成为一流的击剑手？"师父说："十年。"他接着问道："如果我用现在两倍的时间练剑，那需要多少年就可以成为一流的击剑手呢？"师父说："二十年。"击剑手一听，急了："如果我除了吃饭、睡觉，剩下的时间都用来练剑，那需要多少年？"师父断然答道："那你一辈子都练不成一流的击剑手。"击剑手大惑不解。师父说："那是因为你的两只眼睛只顾盯着前方的目标，已经没有时间留一只眼睛给自己了。""留一只眼睛给自己"，就是一种思考的过程。俗话说，低头拉磨，抬头看路。既要勤于钻研，又要善于思考，这样才能收到实效。盲目勤奋，忽略思考，很容易陷入迷途，即使有错也不易发现与改正；同时，由于缺乏思考，难以造就创新型人才。

思考是审视，是反思，是警醒。韩愈曾说："业精于勤，荒于嬉；行成于思，毁于随。"一个人的聪明才智不仅源于勤奋，还在于思考。"聪"就是耳、眼、口、心并用，也就是要勤于动手、用心思考。著名教育家陶行知先生认为,中国教育之通病是教用脑的人不用手,教用手的人不用脑,所以一无所能,手脑联盟是中国教育革命的对策。"手脑联盟"就是动手与动脑相结合,即"勤"与"思"有机统一。杨振宁先生指出,中国留学生学习成绩往往比一起学习的美国学生好得多,然而十年以后,科研成果却比人家少得多,原因就在于美国学生思维活跃,动手能力与创造精神强。勤奋是中国留学生的好习惯,但很多时候,这种勤奋限于知识的记忆与重复,缺乏思考与创新,应对考试有效,但很难培养创新型人才。

大凡成功人士,既有勤奋钻研的精神,也有潜心思考的好习惯。华罗庚只读过中学,他之所以成为世界名列前茅的数学家,是因为他不仅勤奋努力,而且善于运用科学的思维方法,使学习与工作的效率大大提高。孔祥瑞是一名只有初中文化程度的码头工人,却主持完成了200多项技术创新,其中9项技术革新项目被授予国家专利。细心观察、勤于思考,从设备日常"管、用、养、修"着手,充分挖掘现有设备的潜力,是其成才之道。例如,他在反复观察门机司机的全部操作过程之后,将门机操作杆移动轨迹由"十"字形变为"星"形,形成了"门机主令器星形操作法",生产效率提高了15.8%,平均每天的作业量增加480吨,他所负责的18台门机平均每台年作业量突破150万吨,达到全国港口最好水平。

"勤"与"乐"

人生在勤,天道酬勤。勤奋成就了许多人,但也有不少人在勤奋中走向困顿,他们学得很苦、工作得很累,却收效甚微,乃至一无所成。这种现象在中学普遍存在。我们不难看到,一些中学生埋头苦读、废寝忘食,惜时如金,走路、吃饭都在看书诵读,然而学习成绩还是不尽如人意,有的甚至越是勤奋苦学,成绩越是下降。他们无奈地叹息:学习真苦啊!

勤奋是导向成功的必要条件,而非充分条件。当人们勤奋得只剩下"勤奋"时,必将陷入痛苦与焦虑,而不是走向成功与幸福。那么,如何在勤奋中享受快乐呢?

第一,充分发挥特长。有这样一个人,琴棋书画他都很喜欢,而且想样样拿第一。他每天一会儿吹琴,一会儿下棋,一会儿练习书画,整天忙忙碌碌,却每一项都很平庸。父亲知道情况后,给他做了一个实验:将一粒花生米投进漏斗,让儿子在漏斗下接着,花生米顺着漏斗落到他手里。投了十几次,他手里就有了十几颗花生米。这时,父亲抓起一把花生米放到漏斗里,它们相互挤压着,没有一颗落下来。这时,儿子幡然醒悟:把一项爱好的潜质充分发挥出来,而不是眉毛胡子一把抓,这样才能学有所成。于是他以自己最擅长的绘画作为目标,而绘画对于他来说,就是一种享受的过程,经过勤学苦练,他终成画家。这个故事启迪我们:要学有所成,必须充分发挥特长;与其花许多时间和精力去凿很多浅井,不如花同样的时间和精力去凿一口深井。

第二,目标始终如一。勤奋是一种坚持不懈的精神品质,一个人的成功贵在勤奋,赢在坚持。华罗庚说,熟能生巧,勤能补拙。只有常学、常想、常练,才能有所进步。"常"就是坚持,就是目标始终如一。气象学家竺可桢在夫人与次子相继染病去世之后,强忍悲

痛,坚持学术研究。几十年来,他每天观察并记录天气的变化,草长莺飞、花开花落、大雁南飞、冰雪消融等都是他记录的内容。经过23年的观察分析,他终于在1972年绘制出"北京春季物候现象变化曲线图",为编制自然历提供了科学依据。70岁高龄后,为收集第一手资料,他穿上耐磨的网球鞋,登上海拔4000多米的阿坝高原,到雅砻江峡谷探险,并从古代大量的史书、方志以及古人的日记、游记、诗词中寻觅古代气候的线索,写成了《中国近五千年来气候变迁的初步研究》,受到国内外学术界的推崇。直到去世前一天,他仍用颤抖的手在病床上写下这样的文字:"这天气温最高零下一摄氏度,最低零下七摄氏度,东风一至二级,晴转多云。"还注上"局报"。只有把工作当作一种创造幸福、享受快乐的过程,才能坚持不懈、乐此不疲。奥运冠军刘翔舞动国旗的英姿让世界为中国而震撼,他感慨地说:"我每天跑十公里,才跑到了奥运冠军的领奖台上。"冰心曾说,成功的花,人们只惊喜它现时的明艳,然而当初它的芽,浸透奋斗的泪泉,洒遍了牺牲的血雨。勤奋背后是不甘于平凡的执着,只有目标始终如一,才能托起勤奋的双手,超越平凡,叩开成功的大门,享受收获的快乐。

第三,掌握正确的方法。一个小和尚对师父说:"我时时打坐,口不离经,心无杂念,用功之狠,别人无法相比,可为什么还是不能通悟呢?"这时,老和尚拿出一个葫芦、一把粗盐交给小和尚,说:"去把葫芦装满水,再将盐倒进去,让盐溶化,你自然通悟了。"过了一会儿,小和尚跑回来了,沮丧地说:"葫芦口太小,把盐装进去,它不化;把筷子伸进去,但搅不动。"师父听罢,将葫芦里的水倒掉一些后,轻轻摇了几下,盐就溶化了。小和尚恍然大悟。这个故事告诉我们:光勤奋用功是不够的,还要掌握正确的方法与技巧,这样才能事半功倍,否则就是事倍功半。

第四,及时奖励自己。天道酬勤,用勤奋收获了成功之果,当然要庆祝一番,好好奖励一下自己。然而,勤奋并不必然与成绩或成功画等号,有时甚至屡遭挫败。这时,我们更需要奖励自己。奖励自己一个微笑,奖励自己一次与朋友的聚会畅聊,奖励自己一次轻松的郊游,奖励自己一次酣畅淋漓的网上搏击……给自己一次及时的奖励,使快乐的心情伴随勤奋之旅,充满每一次呼吸,这就是勤以处乐。

勤

第
二
辑　菁
华
篇

JINGHUAPIAN

勤

　　《左传》尝载古人之言："大上有立德，其次有立功，其次有立言，虽久不废，此之谓不朽。""立言"为不朽之一，而立道德之言尤为可贵。言者，心之声也。道德之言，乃有德者之心声，故而尤其值得珍视。中国作为礼仪之邦、文明古国，历代不乏高贤大德，而他们都有自己的道德体悟之语。本辑所选是古今道德箴言的菁华。这些箴言名句，是古今高贤大德人生经验的凝结，是他们纯洁、高尚心灵的流露。这些箴言名句，可以朗读，可以背诵，可以欣赏，可以怡情，可以励志，可以开慧，可以大心，可以成德。

背诵部分

发愤忘食,乐以忘忧,不知老之将至云①尔。

——《论语·述而》

注 释

①云:如此,这样。

解 读

发愤学习就忘了吃饭,高兴起来就忘了忧愁,以至于不知道自己快要变老了。这句话告诉我们:勤奋努力要伴随一生,要在勤奋中体会快乐,忘掉愁苦。

骐骥①一跃,不能十步②;驽马十驾③,功在不舍。锲而舍之,朽木不折;锲而不舍,金④石⑤可镂⑥。

——《荀子·劝学》

注释

①骐骥(qí jì):骏马,千里马。

②步:古代的六尺为一步。

③十驾:套十次车,指用马驾车走十天的行程。

④金:钟鼎。

⑤石:碑石。

⑥镂:雕刻。

解读

骏马跑得再快,一跃也超不过十步;劣马跑得再慢,十天也能走得很远,关键在于坚持不懈。用刀雕刻东西,刻一下停一下,连朽木也不能刻断;如果一直不停地磨刻,就是石头和金属也能雕刻出花纹来。这句话告诉我们:绝大多数马都不是骏马而只是普通的马,普通的马并不一定跑不过骏马。只要坚持不懈,笨鸟先飞,普通的马也能赛过骏马。

人生在①勤,不索②何获?

——张衡《应闲》

注 释

①在:在于,要。

②索:求索,探索研究。

解 读

人一辈子要勤奋努力,若不积极地探索,哪会有收获呢?这提醒人们只有付出劳动,才能收获果实。

少壮不努力，老大徒①伤悲。

——汉乐府古辞《长歌行》

注 释

①徒：徒然，白白地。

解 读

年轻力壮的时候不发愤图强，到了满头白发的时候就会悲伤。这句话告诫我们：年轻的时候要努力奋斗，否则到老的时候就会一事无成，空留悲伤与后悔。

天下事以难而废^①者十之一;以惰而废者十之九。

——颜之推《颜氏家训》

①废:荒废。

　　天下的事因为困难而荒废的,只有十分之一;因为懒惰而荒废的,却占十分之九。这句话告诉我们:懒惰是成就不了大事的。

不勤不俭,无以^①为人上也。

——王通《文中子·关朗》

①无以:不能。

　　不勤奋、不节俭的人是不可能出人头地的。这句话告诉我们:只有勤奋、节俭,才能做人上人。它告诫后辈勤奋读书的重要性。

读书破^①万卷，下笔如有神。

——杜甫《奉赠韦左丞丈二十二韵》

注 释

①破：读遍、读尽。

解 读

书读得很多，才思敏捷，写起东西来如有神助。它提醒我们：只有勤于读书，写作时才能文思泉涌。

富贵必从勤苦得,男儿须读五车书^①。

——杜甫《柏学士茅屋》

注 释

①五车书:出自《庄子·天下》:"惠施多方,其书五车。"后喻指读书多,学问深。

解 读

富贵必然是靠勤奋刻苦得来的,男儿必须多读书。这就告诉我们:一个人要想致富,必须勤奋读书,增长才识。

书山有路勤为径,学海无涯①苦②作舟。

——韩愈《治学联》

注释

①无涯:没有边际。

②苦:勤苦。

解读

　　用书堆起来的大山,只有一条路可以攀登高峰,那就是勤奋努力;无边无际的知识海洋,只有一艘船能够驶向胜利的彼岸,那就是发愤苦读。这句话告诉我们,在求知的道路上,没有捷径可走,也没有顺风船可驶。只有努力汲取更多、更广的知识,才能走向成功。

业^①精^②于勤,荒于嬉。

——韩愈《韩昌黎集·进学解》

注释

①业:学业,也可以指工作。

②精:精通。

解读

学业靠勤奋才能精湛,如果贪玩就会荒废。它告诉我们:勤奋才能成就学业、事业。

人之能为人,由腹有诗书①,诗书勤乃有,不勤腹空虚。

——韩愈《韩昌黎集·符读书城南》

注释

①诗书:代指学问。

解读

一个人之所以能成为有作为的人,是因为其肚子里有诗书经典,即学问。勤学苦读才会有学问;不读书、不勤学,肚子里就是空的,就没有学问。这句话告诉我们:只有勤奋读书,才能成为一个有学问、有智慧的人。

策马前途须努力,莫学龙钟①虚叹息。

——李涉《岳阳别张祐》

解 读

年轻人要快马加鞭,努力向着理想的前程奋勇前进,不要老来一事无成空叹息。这就告诉我们:勤奋学习、努力工作要趁年轻之时,凡事赶早不赶晚。

三更灯火五更鸡①,正是男儿读书时。黑发②不知勤学早,白首③方悔读书迟。

——颜真卿《劝学》

注 释

①五更鸡:天快亮时,鸡啼叫。

②黑发:年少时期,指少年。

③白首:人老了,指老人。

解 读

每天三更半夜到拂晓鸡啼,正是男儿读书的最好时间。年少时不知要早早地勤奋学习,到老时就后悔读书太晚了。这就告诉我们,勤奋学习要从小抓起。

　　昔仲尼①,师项橐②,古圣贤,尚勤学。赵中令③,读鲁论④,彼既仕,学且勤。披蒲编,削竹简,彼无书,且知勉。头悬梁,锥刺股,彼不教,自勤苦。如囊萤,如映雪,家虽贫,学不辍。如负薪⑤,如挂角,身虽劳,犹苦卓⑥。

——王应麟《三字经》

注 释

①仲尼:孔子名丘,字仲尼,春秋时代鲁国人。

②项橐(tuó):春秋时代鲁国人,七岁为孔子老师。

③赵中令:宋朝的中书令赵普。

④鲁论:鲁国通行的《论语》二十篇。

⑤负薪:负,指背负;薪,指柴。

⑥卓:卓绝,超然。

解 读

　　从前，孔子是个十分好学的人，当时鲁国有一个神童名叫项橐，孔子就曾向他拜师求学。像孔子这样的圣贤，尚不忘勤学，何况我们普通人呢？宋朝的中书令(宰相)赵普白天忙于处理国家政务，夜晚则读《鲁论》，人在官位，依然勤学。西汉时路温舒把文字抄在蒲草上阅读，公孙弘将《春秋》刻在竹子削成的竹片上，他们两人都很穷，买不起书，但还不忘勤奋学习。晋朝的孙敬读书时把自己的头发拴在屋梁上，以免打瞌睡。战国时苏秦读书每到疲倦时就用锥子刺大腿，他们不用别人督促而自觉地勤奋苦读。像车胤和孙康利用萤火虫和白雪的反光读书，虽然家境贫寒，但他们从未放弃学业。汉代的朱买臣边砍柴边读书，隋代的李密边放牛边读书，他们虽然很辛苦，但由于勤奋读书而学有所成。这些都告诉我们：不论圣贤还是普通人，不论官员还是百姓，不论家境贫还是富，勤奋努力都是一种可贵的品质，它是学有所成的关键。

勤有功,戏①无益,戒②之哉,宜勉力。

——王应麟《三字经》

注　释

①戏:玩乐。

②戒:防备。

解　读

　　勤奋学习才能使自己有所成就,懒惰贪玩对自己成才不利。每一个年轻学子都应该引以为戒,自勉自励,努力成为对社会有用的人才。这句话告诉我们:只有勤勉努力,才能成为社会的栋梁之才。

古人学问无遗①力，少壮工夫②老始成。

——陆游《冬夜读书示子聿》

注释

①遗：保留。

②工夫：做事所费的精力和时间。

解读

　　古人做学问是不遗余力的，年轻时发奋努力，老年时终获成功。它告诉我们：只有年少时勤奋努力，老年时才能有新的成就。

一年之计①在于春，一日之计在于寅②，一生之计在于勤。

——《增广贤文》

注 释

①计：打算。

②寅：夜三点至五点，指早晨。

解 读

一年的事业应在春天里计划，一天的事情应在黎明时安排，一生的成功在于勤劳。它告诉我们：勤劳是立身之本，是生存之根。

黑发不知勤学早,转眼便是白头翁①。

——《增广贤文》

注　释

①白头翁:指白发苍苍的老人。

解　读

　　年轻的时候不知道发奋努力,转眼间就成了白发苍苍的老人。这就告诫我们:要珍惜时间,趁年轻多读书、勤学习,不然时间很快就过去了。

功崇①惟②志，业广③惟勤。

——《尚书·周官》

注 释

①崇：高。

②惟：因为。

③广：大。

解 读

取得伟大的功业，是由于有伟大的志向；完成伟大的功业，在于辛勤不懈地劳作。它告诉我们：勤劳兴业。

民生在勤,勤则不匮①。

——《左传·宣公十二年》

 注　释

①匮:缺乏。

解　读

百姓生活的根本在于勤劳。只要勤劳,生活就不会穷困,物质就不会匮乏。这句话告诉我们:勤劳是生存之本。

赖^①其力者生,不赖其力者不生。

——《墨子·非乐上》

注 释

①赖:依靠。

解 读

依靠自己的辛勤劳动才能生存,不依靠自己的劳动就不能生存。这句话反映了墨家对劳动的崇尚。它告诉我们:一个人要勤恳劳动,这是生存之本;反之不爱劳动,舍不得出力,就无法维持生计。

人惰而侈①则贫,力②而俭则富。

——《管子·形势》

注　释

①侈:奢侈。

②力:勤劳。

解　读

　　懒惰又奢侈,生活就会贫困;勤劳而节俭,生活就会富足。它告诉我们:一个人、一个家庭,乃至一个民族、一个国家,经济上的一时落后与贫困并不可怕,可怕的是缺少一种勤劳奋进的精神。懒惰成性、贪图安逸、不思进取,即使有再好的经济条件和物质基础也会坐吃山空。天道酬勤,勤奋是家与国的财富之源,而节俭会把这些财富积累起来。只有克勤克俭,才能不断地为家与国创造财富。

夫王事固未有不始于忧勤^①,而终于佚^②乐者也。

——《史记·司马相如列传》

注 释

①忧勤:忧愁而劳苦,绞尽脑汁、用尽力量去做事。

②佚:通"逸",安逸。

解 读

帝王的事业没有不是从忧患与劳苦开始,而到实现安逸与快乐而结束的。这句话告诉我们:丰功伟业离不开辛勤劳动与艰苦奋斗。

君子之于①学也,其不懈,犹②上天之动,犹日月之行,终身亹亹③,没而后已。

——徐幹《中论·治学》

注 释

①之于:对于。

②犹:好像。

③亹亹(wěi wěi):本义为缓慢流动,无止无休,形容孜孜不倦。

解 读

君子对于学习,要坚持不懈,这就像上天的运动,像日月的运行一样,一辈子都要勤勉不倦,直到去世。这句话告诉我们:把学习当作一辈子的事情,代代相传,永不停歇。

学之广①在于不倦，不倦在于固志。

——葛洪《抱朴子》

注　释

①广：渊博。

解　读

　　学问的渊博在于学而不倦，学而不倦在于有坚定的目标与志向。它告诉我们：学问在于勤奋不倦地积累。

自古明王圣帝，犹①须勤学，况②凡庶③乎！

——颜之推《颜氏家训·勉学》

注 释

①犹：尚且。

②况：何况。

③凡庶：凡人，普通人。

解 读

自古以来，那些圣明帝王尚且需要勤奋学习，何况普通的老百姓呢！这句话告诉我们：勤奋是所有人的立身之本。

御家^①以四教^②：勤、俭、恭、恕^③。

——王通《文中子·关朗》

解 读

治家的四条准则：勤劳、节俭、恭敬、宽容。这句话告诉我们：勤奋是治家之首要准则。

不勤于始,将悔于终。

——吴兢《贞观政要·尊敬师傅》

解 读

凡事若在开始的时候不勤奋努力而为,那么到结束之时一定会后悔。这句话告诫我们:要勤奋努力地做事,不管结果如何,都不后悔;相反,如果一开始就懒散怠慢,到头来一定后悔不已。

如①彼登山，乃勤以求高；如彼临海，乃勤以求远。

——《意林·典论》

注 释

①如：就像，如同。

解 读

治学如登山航海，勤奋才能登高致远。它告诉我们：勤奋学习才能站得高、看得远。

清扬①似玉须勤学。

——刘商《送刘南史往杭州拜觐别驾叔》

注 释

①清扬：形容洁白美丽。

解 读

要想使自己变得像玉那样洁白美丽，就要刻苦学习。它告诉我们：只有勤奋学习、收获知识，做一个有智慧的人，才能使自己成为一个内在品格与外在气质兼具的人。

少不勤苦,老必艰辛;少能服劳①,老必安逸②。

——林逋《省心录》

注 释

①服劳:吃苦耐劳。服,吃。

②安逸:安闲舒适。

解 读

年轻的时候不勤劳刻苦,年老之后日子一定很难过;年轻的时候能够吃苦耐劳,年老之后日子一定过得安逸舒适。这就告诉我们:人必须从小就勤苦做事,晚年才会幸福。

君子之学必日新①，日新者日进②也。不日新者必日退，未有不进而不退者。

——晁说之《晁氏客语》

注 释

①新：更新。
②进：进步。

解 读

君子在学习上必须每天有新的收获，每天有新收获才能进步。一天没有新收获就不会进步，从来没有不进步而又不退步的人。这提醒我们：每天都要学习新的知识，这样才能不断进步；否则就会被淘汰。

劳则善心生,养德、养身咸在焉。逸则妄念生,丧德、丧身咸焉。

——史桂芳《史惺堂集》

 解 读

　　勤劳能使人变得善良,能修身养性,还能强健体魄。贪图安逸则使人心生邪念,丧失德行,也会毁掉健康的身体。这句话告诉我们:只有勤读书、勤劳动,才能学有所用、劳有所得。

富贵本无根，尽从勤里得。

——冯梦龙《醒世恒言·徐老仆义愤成家》

解 读

富与贵，本就没有固定的由来，全都是人们在辛苦勤劳中得到的。这句话告诉我们：幸福要靠勤劳的双手来创造。

农夫不勤则无食;桑妇不勤则无衣;士大夫不勤则无以保家。

——《清仁宗味余书室全集·民生在勤论》

解读

农民不勤劳就收获不到粮食,采桑养蚕的妇女不勤劳就没有衣服穿,士大夫不勤劳就没有办法维持家计。这句话表明了勤劳对于人们的重要性。

　　勤俭自持，习①劳习苦，可以处乐②，可以处约③。此君子也……无论大家小家④，士农工商，勤苦俭约，未有不兴，骄奢倦怠，未有⑤不败。

——《曾国藩家书》

注 释

①习：习惯。

②乐：安乐。

③约：俭约，节俭。

④大家小家：大户人家，小户人家。

⑤未有：没有。

解 读

　　勤俭自持，习惯于辛勤劳苦，可处安乐中，可处俭约中，这就是君子……无论大户人家、小户人家，士农工商各种人，只要辛勤劳动、勤俭节约，没有不兴旺的；而骄奢倦怠，没有不败落的。曾国藩在此告诫我们：勤劳是立身之本、持家之道。

百行^①勤为先,万恶懒为首。

——梁启超《敬业与乐业》

注 释

①百行(xíng):各种品行、德行。

解 读

　　各种德行当中勤奋为先,各种罪恶之中懒惰为首。它告诉我们:勤奋是一种至关重要的美德。

勤

第三辑

范例篇

FANLIPIAN

鲁迅先生曾在《中国人失掉自信力了吗》一文中说过:"我们从古以来，就有埋头苦干的人，有拼命硬干的人,有为民请命的人,有舍身求法的人……虽是等于为帝王将相作家谱的所谓'正史',也往往掩不住他们的光耀,这就是中国的脊梁。"本辑所选正是作为中国人道德"脊梁"的行为故事。他们以自己的实际行动诠释了什么是道德上的崇高。这些故事不过是古往今来具有高尚道德情操的中国人的行为范例之沧海一粟。虽然他们的行为有其时代的烙印和局限,但正因其为后人"立德",故而获得了不朽的意义。

匡衡凿壁偷光

汉元帝时期，有位出身贫寒的丞相，名叫匡衡。他虽然穷困，但是好学、勤奋。

匡衡自幼酷爱读书，但白天他要干活儿没有时间看书，到了晚上，他又因家境贫寒买不起灯油，无法看书。为此，匡衡常常在夜里望着窗外，托着腮出神地想：如果有一盏明亮的油灯让我尽情看书，该有多好啊！

隔壁邻居家生活富足，一到晚上就灯火通明，匡衡每次经过邻居家门前，看着屋里暖暖的光不由心生羡慕。于是他大着胆子去找母亲商量，说："我晚上是否可以到邻居家读书？"母亲听了极力反对："人穷不能志短，你可以抓紧白天时间

多读些书啊。"匡衡非常难过,一连几天都无法摆脱苦闷的心情。有一天晚上,匡衡正在为此事烦恼,忽然发现被子上有一道微弱的白光。他心想:家里没有灯,哪来的光线呢?于是,匡衡坐起身,开始寻找光线的源头。原来,墙壁裂了一道缝,那光线就是透过裂缝从隔壁邻居家射过来的。匡衡把手伸到裂缝处,掌纹清晰可见。他灵机一动:既然这儿能照得见手上的纹路,那么一定也可以看见书上的文字,我为什么不借着这缕光读书呢?想到这,匡衡立刻欣喜若狂地从枕边摸过一本书,津津有味地读起来。可是,光线太细长,匡衡需要不停地挪动书本才能看全整列文字。他自言自语:"如果墙上的缝再大一点儿就好了,这烛光就像一盏灯!"于是,匡衡找来父亲干活用的工具,小心地在墙缝处凿开了一个小洞。从此,聪明的匡衡每天晚上蹲在墙角借助这一线光看书,直到邻居家熄灯,他才心满意足地去睡觉。

过了不久,又发生了另一个问题:他仅有的几册书早已被读得滚瓜烂熟,却一直没有钱买新的,向有书的人家去借,却常常碰钉子,他又开始苦恼起来。

当地有个叫"文不识"的富豪,家里藏书很多。匡衡便经人介绍去文家当长工。到了文家,他干活儿既卖力又不要一文工钱。"文不识"觉得很奇怪,就问匡衡道:"你为什么自愿做工,而不要工钱呢?""我给您做工,不为别的,只希望您把书借给我,让我好好阅读。"匡衡答道。"文不识"答应了他的请求。匡衡一得到未读过的图书,就像几天没有吃饭的人得到美味佳肴一样,贪婪地、津津有味地读啊读啊,读完一册又读另一册。这样日积月累,他终于成了著名的大学者。

华佗拜师学艺

我国古代著名的医学家华佗,对世界医学的贡献非常巨大,他发明的"麻沸散",是一种很有效的全身麻醉药,比西方的麻醉药要早一千六百年左右。不过,华佗并不天生就是神医,小时候为了学医,经历了千辛万苦。

华佗是东汉末年安徽省亳县人,靠着父亲教书、母亲养蚕织布,一家人勉为生计。

不幸的是,一天,父亲带华佗到城里的"斗武营"看比武,回家后父亲忽然肚子剧烈疼痛,不治而死!娘儿俩悲痛欲绝。为了维持生活,华佗去求父亲生前的好友——一个开药铺的蔡医生,拜师学艺。华佗跟着蔡医生当学徒,不管是干杂活儿,还是采草药,都十分勤快卖力,师父很喜欢他。

一年过去了,一天,师父对华佗说:"你已学了一年,认识了不少药草,也懂得了一些药性,以后就跟你师兄抓药吧!"

华佗很高兴,开始学习抓药。但师兄们欺负华佗年纪小,铺子里唯一的一杆秤只有他们用,从不让华佗沾手。

没有秤怎么抓药呢?工夫不负有心人。华佗仔细查看师父开单的数量,将师兄称好的药逐一用手反复掂量,心里默默记住它们的分量,等闲下时再偷偷将掂量过的药草用秤称一称,比较一下,久而久之,熟能生巧,竟能分毫不差。

有一次,师父见华佗抓药竟不用秤,抓了就包,就责备道:"你

这个小捣蛋，我诚心教你，你却不长进，你知道药的分量拿错了会药死人吗？"

华佗自信地笑了笑，说："师父，错不了，不信您称称看。"

师父拿过华佗包的药，逐一称了分量，竟跟自己开的分量分毫不差。再称几剂，都是这样，师父暗暗称奇。他后来才知道这是华佗刻苦练习用手掂量练就的神功！此后，师父专心地教华佗望闻问切之术。

华佗勤学苦练，功成名就之后，仍然谦虚好学。

一次，华佗给一个年轻人看病，经望、闻、问、切之后，认为患者得了头风病，可是他一时又拿不出来治疗此病的药方，十分着急，病人也很失望。

后来，这位病人找到一位老医生，很快就把病治好了。华佗听后很是惭愧，便打听到老中医的住处，决心去拜师学艺。但华佗当时名噪四方，唯恐老中医不肯收他为徒，于是改名换姓，来到老中医门下，恳求学医。老中医见华佗心诚，就收他为徒。

从此，华佗起早贪黑，任劳任怨，虚心好学，终于获得了治头风病的绝技。

当华佗学成告辞时，这位老中医才明白眼前这个徒弟就是名医华佗，他一把拉住华佗的手说："华佗啊，你已名扬四海，为何还要到我这里受苦？"

华佗把来意告诉了老中医，并说："山外有山，学无止境。人各有所长，我不懂的地方就应该向您学习啊。"

祖逖闻鸡起舞

　　祖逖，东晋初期著名的将领。典故"闻鸡起舞"就是讲述他和好友刘琨的故事。

　　西晋时期，朝廷昏庸腐败，内乱不断，皇族之间的混战和接连不断的饥荒使百姓缺吃少穿，生活非常困苦。很多人被迫背井离乡，四处流亡，多地发生了农民起义，西晋王朝危机四伏，已经到了崩溃的边缘。

　　祖逖和他的好朋友刘琨是有强烈爱国心的青年，目睹时局的危难、人民的痛苦，他们心急如焚，很想有一番作为。晋太康十年（289 年），祖逖 24 岁，他和刘琨一起在司州（今河南洛阳一带）做主簿。他们两个常常住在一起，一起读书，一起谈论天下大事，面对腐朽黑暗的现实社会，他们感到痛惜、愤恨，更对国家的前途忧心忡忡。

　　一天，祖逖和刘琨像往常一样躺在床上交谈，一谈到匈奴在北方横行霸道，两个人都义愤填膺。祖逖"呼"地坐起身来，握紧拳头用力一挥，说："我发誓一定要把匈奴赶出中原！"刘琨也深受感染，和祖逖击掌发誓。这一夜，两人一直谈到半夜才睡去。

　　忽然，三声鸡叫把祖逖从梦中惊醒。他从窗户向外望去，只见一轮残月挂在空中，天色未白。祖逖想起了昨天和刘琨的豪言壮语，再也睡不着了。祖逖索性坐了起来，他想保家卫国一定要有过硬的本领，趁现在自己年轻力壮，更要抓紧时间练习，不妨就在鸡叫后起来练习本领。想到这儿，他推醒了刘琨，把自己的想法一五一十地告诉了刘琨，刘琨非常赞成他的观点。于是，两人披衣下床，摘下挂在墙上的剑和刀，来到院子中。

大地仍然沉浸在寂静之中，清朗的月光下，祖逖和刘琨一个手持长剑，一个挥舞大刀，认真对练起来。刀光剑影挑破了笼罩大地的黑暗，太阳终于从地平线上冉冉升起，这时两人已练得浑身大汗。

就这样，无论是赤日炎炎的夏天，还是冰封雪飘的冬天；无论是刮风，还是下雨，只要鸡一叫，祖逖和刘琨就像听到起床号角，精神抖擞地操练起来，从不间断。"闻鸡起舞"这个成语就是这么来的。

由于祖逖和刘琨坚持不懈地勤学苦练，武艺越来越强，本领越来越大，终于都成为有名的将军。

李白铁杵磨针

李白是唐代大诗人，但小的时候，他很贪玩，不爱学习。他的父亲为了让他成才，就把他送到学堂去读书，可是，那些经史子集的书深奥难懂，李白学起来感到十分吃力，就更加不愿意学了，有的时候他还偷偷跑出学堂，到街上去闲逛。

有一天，他读书读到一半，就不耐烦了："这么厚的一本书，什么时候才能读完啊！"过了一会儿，他干脆把书一扔，溜出门去玩儿了。

李白连蹦带跳地跑着，突然听到"嚓，嚓，嚓"的声音。

这是谁在磨东西呢？他循着声音走去，看见在一个破茅屋门口，坐着一个满头白发的老婆婆，正对准磨刀石，用力地磨着一根铁棒。

李白的好奇心被勾起来了。他蹲下来，两只手托着下巴，悄悄地看了好一阵。老婆婆没有察觉到李白的到来，只是全神贯注地磨着。于是，李白不解地问道："老婆婆，您在做什么？"

"我要把这根铁杵磨成一根绣花针。"老婆婆抬起头，对李白笑了笑，接着又低下头继续磨着。

"绣花针？"李白又问，"是缝衣服用的绣花针吗？"

"当然！"

李白听了更加惊奇："可是，铁杵这么粗，什么时候能磨成细细的绣花针呢？"

老婆婆反问李白："滴水可以穿石，愚公可以移山，铁杵为什么不能磨成绣花针呢？"

"可是，您的年纪这么大了。"

"只要我下的工夫比别人深，没有做不到的事情。"李白一听，以为老婆婆没有绣花针，赶紧跑回家，把家里的所有针都拿来了。

老人看了很是高兴，但婉拒了李白的好意，说："小孩子，你拿绣花针给我固然是好事，但是那些都不是我的绣花针，我要自己磨出来的针。"说完又低下头磨她的铁棒。

李白听了很受感动，心想：人家老婆婆年纪那么大，还有决心把铁棒磨成针，我小小年纪怕上学，还不如老人家呀！

从此以后，李白再也不逃学了，他像变了一个人似的，刻苦读书，后来终于成为历史上有名的大诗人。

物理学家严济慈

　　从普通的农村青年成长为誉满中外、桃李满天下的科学泰斗，严济慈以不屈不挠的毅力和一丝不苟的精神，攻克了一个个难关，谱写了一个个物理科学的传奇。

　　严济慈于清光绪二十六年十二月初四生在浙江省东阳县下湖严村。严家世代务农，家境贫寒，姐妹兄弟五人中他是长子。严济慈到了上学年纪，父亲就送他进了严家祠堂的蒙馆，从念《三字经》开始走上了读书之路。他的聪颖好学使私塾先生惊喜，也让父母感到自豪。有一次，父亲给他从杭州带回一本《笔算数学》的书。这是严济慈第一次进入数学王国，他竟爱不释手，被纷繁变化的数字迷住了。没有老师，他就自学，一遍看不懂，就读第二遍……经反复琢磨，终于把书中的要旨学得熟透。父亲买书的本意是让儿子写写算算，没想到却在他心里埋下了一颗追求科学的种子。

　　为此，父母作出重大决定：卖地！这样，严济慈才得以进入东阳县立宏道小学。学校离家 30 里路，这个寡言少语的农村孩子住在学校里，每日自己做饭吃，虽然很累，但学得很认真，成绩很突出。

　　14 岁，严济慈小学毕业后，以第一名的成绩考取了东阳县立中学。这期间，他把全部精力都用在学业上，扎扎实实学好每门功课。他惜时如金，不管严冬酷暑，每天天一亮就起床，先活动一下，然后就在操场上朗读英语或语文。中学语文课本里的文言文，他总是读得滚瓜烂熟。《英汉小词典》里的全部单词他都能背出来。这不是因为他有过目不忘的记忆力,而是他争分夺秒刻苦学习的结果。1918 年 6 月,严济慈以终考第一名毕业于东阳中学。

1923 年夏,严济慈又以第一名的成绩毕业于南京高等师范学校数理化部。由于他已修满规定的大学学分,故同时毕业于东南大学物理系,获理学学士学位,并成为东南大学第一名毕业生。

1924 年 5 月,严济慈从乡村来到了繁花似锦的巴黎,正值巴黎大学夏季考试开始报名。他虽没听过一堂课,但很自信地报考了高等数学。20 年代的巴黎大学,入学很容易,上课也很自由,但要获得文凭绝不是轻而易举的事。课程的艰深、考试的繁难,使不少人在校多年,却拿不到一张文凭,而严济慈只用了一年时间就拿到了三张文凭,获得了学位。他到底是怎么做到的?原来,攻克了语言关的严济慈,犹如辛勤的蜜蜂,在课堂、图书馆、实验室之间来回采撷。他十分珍惜来之不易的留学机会,身在巴黎,竟不知繁华为何物。几年时间里,他没有跨过塞纳河桥

一步,河这边是他所在的清苦的拉丁区,河那边是纸醉金迷的花花世界……多年之后,在北平的一次宴会上,刚从巴黎游历回国的胡适先生感慨地说:"巴黎为灯红酒绿之地,哪里能读书?"当时在座的严济慈马上严肃地说:"你的话不错,但我要补充一句:也只有在巴黎能读书的人,才是真正能读书的人。"胡适一听立即站起来,双手作揖,表示无限钦佩。

严济慈用一年时间完成留学生涯,使当时著名的物理学家夏尔·法布里教授深感惊讶。考普通物理那天,法布里教授主持物理口试。口试用了半个小时才结束。当严济慈鞠躬行礼后,法布里教授起身跟他握手,并表示对他的回答非常满意。从此,严济慈受到法布里教授的器重。法布里教授把严济慈留在他的实验室里进行研究工作,不仅为严济慈选择了一个富于创造性的博士论文题目,而且为他提供了各种方便:严济慈可以在任何时候随意进入实验室,动用任何仪器;实验室在任何时间都为他准备电、煤气和自来水……严济慈一头扎进实验室里做实验、研究。在他的字典里没有"周末"这两个字,有的只是工作,工作,工作。每天清晨,他带上几块面包走进实验室,直到半夜以后才回住处。经过无数次实验、无数次失败和挫折,终于迎来了成功的曙光,他完成了法布里教授给他出的当时物理学的一个难度极大的课题——石英在电场下的形变,写出了论文《石英在电场下的形变和光学特性变化的实验研究》,轰动了巴黎。这巨大的成功是严济慈用辛勤的汗水和无数心血换来的。

画家齐白石

《三字经》里说："苏老泉，二十七，始发愤，读书籍。"看来，发愤不在于年纪大小，只要有志气，肯努力，大器仍可晚成。齐白石便是如此。

齐白石一生作画三万余幅，写诗三千余首，治印三千余方，给后世留下了大量的艺术精品。"一天不画画心慌"，作画成为他生活的全部内容。他在九十高龄时，一年之中仍然创作了三百多幅作品。这份勤奋、坚毅和对绘画无止境的追求，使他成为著名的画家。

他笔下的虾，活泼生动，就像正在水中游动着一样，一节节的虾身透明而富有弹性，长长的虾须和两只虾螯也好像在不停地摆动着。而且，这一只只活灵活现的水墨虾，在齐白石的笔下不到一分钟便能画一只。他画虾看似轻而易举，信手而得，其实，轻易之中却有一番不轻易的功夫。

最初，齐白石从临摹别人画的虾入手。62岁时，他开始面对真的活虾，更细致地观察虾的形态和特征。在他的案头，常常摆着一只大碗，盛满清水，养着活虾。白石老人长时间地呆呆地伏在碗边，观察虾的活动。小虾自由穿梭，老人怡然沉醉；小虾上下浮游，老人欣然自喜；小虾嬉戏争斗，老人为之担心；小虾生命垂危，老人为之叹息。他以虾为友，以虾为伴，以虾为师，一旦观察有所得，便展纸研墨，挥笔作画。

有一次,齐白石被小虾激烈的争斗场面所吸引。起初,小虾双方慢慢挪动,紧张对峙;继而,双钳齐上,周旋格斗,互不相让。精彩的场面激起老人浓烈的画兴。老人提笔时,如见小虾在雪白的宣纸上跃动,一会儿几只活泼的小虾便在笔下展现。画好后,老人把画挂在墙上,仔细揣摩品味,又不时走到碗边,用小棍挑逗小虾,认真对比画上的虾与碗里的虾之异同。

对小虾性格特征的深刻理解促使了老人对造型特征的准确把握。白石老人笔下的虾,由繁到简,由形似到神似,一画就是几十年。他80岁以后画的虾已经达到了炉火纯青的地步。

中国人的美德

勤
QIN

文学家鲁迅

鲁迅的一生，是坚韧战斗的一生，也是勤奋工作的一生。他一生的著述和翻译浩如烟海，他虽然只活了 55 岁，可是却给我们留下了 640 万字的宝贵文化遗产，在中国和世界文学史上树立了不朽的丰碑。

鲁迅从小勤奋好学，爱书如命。6 岁的时候，他挥别了带给自己无穷趣味的"百草园"，来到"三味书屋"。也就是在这里，鲁迅接触到大量的书籍，他不断为自己充电，熟读儒家经典，不拘泥于课堂所学，在课下广泛阅读各种杂书：小说、野史、笔记……在关注人文的同时观察自然。"三味书屋"极大地开拓了鲁迅的精神世界，为他以后的文学创作打下了基础。

鲁迅的童年生活是丰富而自由的，不幸的是，13 岁那年，祖父因故入狱。不久后，父亲病重，整个家庭更是从小康陷入了困顿。作为长子的鲁迅，担起了养家的重担。他经常出入当铺与药店之间，当了家里的东西，然后再去药店给父亲买药。

有一次，父亲病重，他一大早就去当铺和药店，回来时老师已经上课了。老师看到他迟到了，生气地说："十几岁的学生还睡懒觉，下次再迟到就别来了。"鲁迅听完点点头，没有为自己作一句辩解，低着头默默坐回座位上。

第二天，他早早来到学校，在自己的书桌桌角上刻上了一个"早"字，暗暗地下决心：以后一定要早起，绝不能再迟到了。以后的

79

日子，父亲的病越来越重，鲁迅频繁地出入当铺和药店，家里的很多活儿也都落到了他的肩上。他每天一大早就起床，料理好家事，去完当铺和药店，再去学堂。虽然负担很重，但是他再也没有迟到过。越是在困难的环境中，鲁迅越是感到学习的可贵。他在上当铺、跑药店、照顾两个弟弟以及帮助母亲做家务的同时，依然每天挤出时间学习。他说："时间，就像海绵里的水，只要你挤，总是有的。"白天没有时间，他就利用晚上读书。无论生活和环境变得多差，鲁迅都坚持每天学习到夜深。父亲最终因庸医的延误而离世，这一变故给少年鲁迅以很深的刺激。

1898年，年仅18岁的鲁迅怀揣着梦想离开家乡，到异地去寻求新的出路。他先后进入江南水师学堂和路矿学堂求学。在江南水师学堂读书时，因鲁迅第一学期成绩优异，学校奖给他一枚金质奖章，他立即拿到南京鼓楼街头卖掉，然后买了几本书，又买了一串红辣椒。每当晚上寒冷、夜读难耐时，他便摘下一个辣椒放在嘴里嚼着，直辣得额头冒汗。他就用这种办法驱寒坚持读书。

一生勤奋的鲁迅先生，就是在逝世前，身体已经非常虚弱的那段日子里，仍然紧张地工作着。

1936年8月1日，鲁迅体重只有38.7千克，肺已烂掉五分之四，肋膜间积水，一直发高烧。8月7日，一位日本医生为他第一次抽出肋膜积水200毫升。当时，一位欧洲肺病专家在给他检查完身体之后，十分惊异地说："若是欧洲人，五年前就死去了。"就是在身体这样不好的情况下，鲁迅从8月1日到10月19日逝世的这段时间里，共给青年作者和友人写了93封信和14篇文章。逝世前

11 天，他为了支持木刻艺术这一当时革命性的新生事物，带病参加了全国第二次木刻流动展览会，同青年木刻工作者亲切谈话，并照了相，逝世前一天还在记日记。

鲁迅先生说过："时间，每天得到的都是 24 小时，可是一天的时间给勤勉的人带来智慧与力量，给懒散的人只能留下一片悔恨。"鲁迅没有虚度年华，他的一生是勤奋的一生、战斗的一生。他的巨大贡献都是从"时间老人"那儿争取来的。

　　20 世纪中国气象事业的史册上，镌刻着这样一个名字——竺可桢。这位早年留美的气象学博士，以其强烈的爱国心和责任感，为中国的气象学研究与应用的宏伟大厦奠定了坚实的基础。他勤勉的精神、严谨的学风、坚韧的毅力以及对党和人民的无限热爱，成为广大科研工作者的楷模。

　　竺可桢小时候就聪颖好学，5 岁时已能识字千余，上小学不到两年便通读《三字经》《神童诗》和《千字文》，并找来各种线装书籍阅读。1899 年竺可桢考入了"中学为体，西学为用"的毓菁学堂，一读就是 6 年。就在小学毕业那年，竺可桢考上了绍兴东湖法政学堂。后来他发现自己发展的趋向是自然科学方面，便毅然离开了东湖法政学堂，孤身一人来到了上海。在复旦中学读书期间，竺可桢多次写下这样的誓言："吾将一生学好科学，吾要以科学来唤醒民族，振兴中华……"他专心致志，发愤读书。夏日蚊子多，他就穿上竹布长衫，或用高木桶盛满清水，把双腿泡在里面；冬天严寒难耐，他就在土布衫外勒上一根布带。如此苦学善读，博览群书，为竺可桢成就学问打下了厚实的基础。

　　工夫不负有心人。1918 年秋，竺可桢获哈佛大学博士学位，归国后出任浙江大学校长。1943 年，他开始着手研究二十八星宿起源这个重大科学史问题。仅 3 个月，他阅读了近百部中外古籍与专著，涉及天文气象、古诗词、算学、甲骨文、梵文等，而后便动笔起草

《二十八宿的起源》。这篇论文先后在浙大《思想与时代》学刊和《气象学报》上刊登，引起国内外学术界的高度重视。1956 年，竺可桢作为中国科学家的代表出席在意大利佛罗伦萨举行的国际科学史大会，会上他宣读了《二十八宿的起源》，引来全场热烈的掌声。

1949 年 10 月，竺可桢出任中国科学院副院长。他很少坐车上下班，总是日复一日，月复一月地步行经北海公园，为的是观察桃花开于何日，柳絮飞于何时，布谷鸟始叫于哪天。遇到外出，他一遍又一遍叮嘱家人帮着留心燕子什么时候飞来，让女儿观察北海的冰什么时候初融，还让邻居留意哪天杏花开了第一朵。

有时人们不经意发现竺副院长外衣左侧上口袋颜色会不一样。原来那小口袋上插着一支白铜套子，套子里装着一支钢笔式的温度表。早晨做操时，取出来把它放在院子里，收操后又拿进屋。年复一年地抽出装进，那口袋不破才怪呢，于是请缝衣工做外套时，必多做一只，以便破了更换。经过 23 年的观察分析，竺可桢终于在 1972 年绘制了一幅"北京春季物候现象变化曲线图"，为编制自然历提供了科学依据。

竺可桢还喜欢到野外观察物候。他随身总带着四件宝：照相机、高度表、气温表和罗盘。70 岁高龄后，他换上了耐磨的网球鞋，参加南水北调考察队，上登海拔四千多米的阿坝高原，下探险峻的雅砻江峡谷，收集科学研究的第一手资料。他又从中国古代大量的史书、方志以及古人的日记、游记、诗词中寻觅古代气候的线索，写成了《中国近五千年来气候变迁的初步研究》，受到国内外学术界的推崇。

直到 1974 年 2 月 6 日临终的前一天，竺可桢用颤抖的手在病床上写下："这天气温最高零下一摄氏度，最低零下七摄氏度，东风一至二级，晴转多云。"这时他已不能亲自到室外观察温度，而是依照气象局的报告记录的，所以特注上"局报"两字。竺可桢的现存日记共计 38 年零 37 天，人们不禁为那几十年如一日、绝无中断的第一手科学记录所震惊。

竺可桢以勤勉的精神、严谨的学风、坚韧的毅力以及对党和人民的无限热爱，成为广大科研工作者的楷模。

"万婴之母"林巧稚

　　她没有自己的儿女,甚至终身未婚,却被称为"万婴之母"。她叫林巧稚,是协和医院历史上的第一位女医师。是什么使她获得了这样的美誉?林巧稚回答了我们:"唯一的一条经验就是勤奋,一勤天下无难事。"

　　林巧稚于 1901 年 12 月 23 日出生在福建省思明县鼓浪屿的一个教员之家。她在协和医院从医教书一辈子,终生未嫁,孑然一身,却亲自接生了五万多名婴儿,因此许多孩子都取名"念林""感林""敬林""爱林"。她不愧为"万婴之母",人们都亲切地称她为好妈妈、好母亲。林巧稚把毕生精力奉献给了她的"孩子"和她所热爱的人民,无数感人的故事在她的人生中上演。

　　1949 年的一天,一位特殊的病人让林巧稚着实犯了愁。她叫董莉,31 岁,结婚 6 年一直没有怀孕,现在终于怀孕三个月了,因为有轻微出血,害怕保不住孩子来到协和医院就医。检查发现她的宫颈有乳突状肿物,初步怀疑是恶性肿瘤。

　　这是一个苦命的女人,结婚多年没有孩子,这成了她的"罪过"、心病,旁人的白眼、公婆的冷言恶语使她痛苦不堪,甚至自寻了死路。她被救活了,也盼来了一线希望——她怀孕了,但子宫内却长了个恶性肿瘤。面对这残酷的现实,董莉和丈夫绝望地恳求林巧稚帮他们找一条生路。

　　专家们会诊后,一致认为应把子宫全部切除,以保全患者的

生命。可这样做，不但婴儿不保，而且患者失去了子宫就再也没有生育的能力了，这无疑给董莉判了死刑。

林巧稚同病人一样心情沉重，她望着深秋的夜空，久久不能入睡。有人劝她不要自找麻烦，自找苦吃，但林巧稚没有退缩，她翻阅了大量的资料，反复研究董莉的病理报告——一向反对堕胎的她，只要有一线希望，就希望能够保全大人和孩子两条性命。

凭着高度的责任心和高超的医术，她捕捉到病人的子宫与恶性组织之间不易察觉的差异，她想瘦了身子，想白了头发，终于冒着天大的风险，作出了大胆的决定：暂不手术。

随着预产期的临近，一次次定期产检的结果显示，患者宫颈内的肿物并没有随着孕程的延长而变化。在预产期到来之前，林巧稚决定为董莉实施剖宫产。

手术顺利，一个6斤重的女婴啼哭着来到人世。她那响亮的啼哭声，好似为救母女性命的林大夫唱的一首赞歌。当董莉抱着来之不易的婴儿出院时，她体内的肿物自然消失了。当时医学界对这一现象还没有理论给予解释。

几年后，国外医学界得出结论，董莉宫颈内的肿物是一种特殊的妊娠反应，被称为蜕膜瘤，具有瘤的形态，却不是真正的肿瘤。将产妇和婴儿放在首位，而不去考虑自己需要承担的风险，是林巧稚作为医生的一种思维习惯。这就是"念林"的故事。林巧稚用爱心、巧手挽救的还有"敬林""仰林"……

林巧稚不但为病人看病，还搞科研、教学生。在她的积极倡导和呼吁下，及时的普查使妇女宫颈癌的患病率和死亡率很快下降，挽救了许多妇女的生命。她甘愿做勤劳的铺路石,指导、帮助她的学生探索、研究,征服了绒癌这个不治之症,在世界引起了轰动。林巧稚晚年,病魔缠身,但她很少休息,仍在家里修改、审订《妇科肿瘤》一书,为后人留下了宝贵经验。

1983 年 4 月 22 日清晨,82 岁的林巧稚在昏睡中发出呓语,急促地叫喊:"产钳,产钳,快拿产钳来!"她慢慢平息下来,过了一会儿,她的脸上露出一丝微笑:"又是一个胖娃娃,一晚上接生了 3 个,真好!"这是林巧稚留下的最后的话。

几何学家苏步青

就像印证自己名字的含义"平步青云,光宗耀祖"一样,苏步青不仅是东方第一几何学家,而且被誉为"数学诗人"。可就是这样一位文理兼通的数学家,少年时却连连考全班倒数第一。那到底是什么成就了这位众人敬仰的巨人?答案便是苏步青自己说的一段话:"人们常常以为科学家从小与众不同,我反对这一点。光是靠天赋,是靠不住的。人都要逐步发展起来,靠老师的指导,靠自己的努力。只有'好好学习',才能'天天向上'。"

苏步青1902年9月出生在浙江省平阳县的一个山村里。虽然家境清贫,可父母省吃俭用,拼死拼活地供他上学。在读初中时,他对数学并不感兴趣,觉得数学太简单,一学就懂。可是,后来的一堂数学课影响了他一生。

那是苏步青上初三时,他就读的浙江省六十中来了一位刚从东京留学归来的教数学的杨老师。第一堂课杨老师没有讲数学,而是讲故事。他说:"当今世界,弱肉强食,世界列强依仗船坚炮利,都想蚕食瓜分中国。中华亡国灭种的危险迫在眉睫,振兴科学,发展实业,救亡图存,在此一举。'天下兴亡,匹夫有责',在座的每一位同学都有责任。"他旁征博引,讲述了数学在现代科学技术发展中的巨大作用。这堂课的最后一句话是:"为了救亡图存,必须振兴科学。数学是科学的开路先锋,为了发展科学,必须学好数学。"苏步青一生不知听过多少堂课,但这一堂课使他终生难忘。

杨老师的课深深地打动了他，给他的思想注入了新的兴奋剂。读书，不仅是为了摆脱个人困境，更是要拯救中国广大的苦难民众；读书，不仅是为了个人找出路，更是为中华民族求新生。当天晚上，苏步青辗转反侧，彻夜难眠。在杨老师的影响下，苏步青的兴趣从文学转向了数学，并从此立下了"读书不忘救国，救国不忘读书"的座右铭。一迷上数学，不管是酷暑隆冬，还是霜晨雪夜，苏步青只知道读书、思考、解题、演算，四年中演算了上万道数学习题。现在温州一中(即当时省立十中)还珍藏着苏步青的一本几何练习簿，用毛笔书写，工工整整。中学毕业时，苏步青门门功课都在90分以上。

17岁时，苏步青赴日留学，并以第一名的成绩考取东京高等工业学校，在那里他如饥似渴地学习着。为国争光的信念驱使苏步青较早地进入了数学的研究领域，在完成学业的同时，他写了三十多篇论文，在微分几何方面取得令人瞩目的成果，并于1931年获得理学博士学位。获得博士之前，苏步青已在日本帝国大学数学系当讲师，正当日本一个大学准备聘他去任待遇优厚的副教授时，苏步青却决定回国，回到抚育他成长的祖国任教。回到浙大任教授的苏步青生活十分艰苦，面对困境，苏步青的回答是："吃苦算得了什么，我心甘情愿，因为我选择了一条正确的道路，这是一条爱国的光明之路！"

数学家华罗庚

　　没有人说过只有高学历才能证明一个人的价值，只要你足够勤奋和努力，即使没有高学历，也可以屹立于世界巨人之列。爱迪生是，比尔·盖茨是，我们熟知的华罗庚也是。华罗庚只有初中文凭，却能成为世界一流的数学家，这除了他对数学的深深痴迷以外，与他的勤奋钻研也是分不开的。

　　华罗庚于 1910 年 11 月 12 日出生在江苏省常州市附近的一个小县城——金坛。他的父亲靠代人收购蚕茧、土麻之类杂货为生，家境非常穷困。15 岁那年，华罗庚从金坛县初中毕业，到上海中华职业中学念书。由于交不起饭费，他只读了一年就失学了，但他并没有灰心。他一边在小杂货店里充当父亲的助手，帮助料理店务和记账，一边自学——请书本当不会讲话的老师。

　　在念初中的时候，华罗庚就深深爱上了数学。此时，他好不容易借来《大代数》《解析几何》和一本薄薄的《微积分》。在他的柜台上，常常一边放着算盘，一边放着数学书籍。由于他太专心于看数学书，有时顾客来买东西，他竟答非所问。于是，大家便称他为"罗呆子"，称他那些深奥难懂的数学书为"天书"。

　　华罗庚差不多每天花十个小时钻研数学。夜里，小店关门了，他仍在油灯下如痴如醉般沉溺于数学的迷宫之中，流连忘返，常常自学至深夜。

　　父亲看不懂那些书，不知道儿子为什么会对这些"天书"着迷，便劝他说："人生在世，最要紧的问题是吃饭。你应该殷勤招呼顾客，多做些买卖，不要死钻书本。"但华罗庚依然迷恋"天书"，父亲很是生气，便要把"天书"烧掉。

天长日久，父亲终于被儿子勤奋学习的精神感动了，也就不再阻止他看"天书"了。

19岁那一年，华罗庚竟然写出了批评大学数学教授的文章——《苏家驹之代数的五次方程式解法不能成立之理由》，并投寄给了上海《科学》杂志。而这篇文章恰恰被清华大学数学系主任熊庆来看到了，他看着看着，不禁拍案叫绝："这个华罗庚是哪国留学生？"周围的人摇摇头。

"他是在哪个大学教书的？"人们面面相觑。

最后还是一位江苏籍的教员想了好一会儿，才慢吞吞地说："我有个同乡叫华罗庚，他哪里教过什么大学啊！他只念过初中，听说是在金坛中学当事务员。"

熊庆来惊奇不已，一个初中毕业的人，能写出这样高深的数学论文，必是奇才。他当即作出决定，将华罗庚请到清华大学来。

从此，华罗庚就成为清华大学数学系助理员。在这里，他如鱼得水，每天都游弋在数学的海洋里，只给自己留下五六个小时的睡眠时间。说起来让人很难相信，华罗庚甚至养成了熄灯之后也能看书的习惯。他当然没有什么特异功能，只是在头脑中进行一种逻辑思维活动。他在灯下拿来一本书，看着题目思考一会儿，然后熄灯躺在床上，闭目静思，开始在头脑中做题；碰到难处，再翻身下床，打开书看一会儿。就这样，一本需要十天半个月才能看完的书，他一夜两夜就看完了。华罗庚被人们看成不寻常的助理员。

第二年,他的论文开始在国外著名的数学杂志上陆续发表。清华大学破例把只有初中学历的华罗庚提升为助教。几年之后,华罗庚被保送到英国剑桥大学留学。

华罗庚正是以这样一种热爱科学、勤奋学习、不求名利的精神献身于他所热爱的数学研究事业。他提出了被数学界命名为"华氏定理"的著名理论,同时把数学应用到工农业生产上,为我国现代化建设作出了突出的贡献。

化学家汪猷

　　深得年轻一代爱戴,博得国内同行敬重,赢得国际友人推崇的汪猷教授,可用"德高望重"四个字来概括。他曾主持完成了举世闻名的"人工全合成结晶牛胰岛素"和"酵母丙氨酸转移核糖核酸的人工全合成"研究项目……这些成绩的取得,除了因为他有一颗赤诚的爱国之心外,更因为他有勤学奋进的钻研精神。

　　汪猷,出生在杭州一个书香门第,因为属狗而有了一个带"犬"字的名字"汪猷"。这种别具一格的命名法,多少反映出秀才出身的父亲汪知非的古典头脑。令人意想不到的是,把汪猷引进化学之门的,居然也是父亲。汪知非是"末代秀才",受西洋文化影响,进过清末上海的"理科学习班",学了两年。结业后,他把一堆化学仪器带回家中。这么一来,那些玻璃漏斗、烧瓶、试管、试纸、滤纸,成了汪猷小时候不可多得的"玩具",就是在捣鼓这些"玩具"时,他喜欢上了化学。

　　16 岁的时候,汪猷步入南京金陵大学工业化学系。慢慢地,他摸进了那片有机化学的密林。其间,一位名师深深地影响了他,那便是北京协和医院的吴宪教授。1931 年大学毕业后,他追随吴宪,进入北京协和医学院当研究生。从早上 7 时到晚上 6 时,汪猷在实验室做实验。晚上 7 时至 10 时,他在图书馆里读书。他的时间表总是排得满满的。为了做动物实验,他还养鸡、养小白鼠。为前往德国这个当时世界有机化学的"圣地",他还硬是挤出时间来学德语,但他无暇到正儿八经的德语学校学习。正巧,一位清末

翰林的德国夫人愿意收几个学德语的中国学生。于是,汪猷便利用一切空余的时间在那里进修德语。汪猷的生活像绷紧了的发条,片刻不停地高速运转着。为了自己的追求,只要是通过努力可以实现的,无论再苦再累,他也要拼到底。年轻的汪猷勤勉地打拼着,年过花甲的他仍为祖国的科学事业彻底奉献着。多少年来,他总是早起晚睡,每天工作到深夜。科学研究就是他的全部生活。他已发表论文一百余篇,获奖成果近 10 项。半个世纪以来,他始终站在学科发展的前沿,勇敢地迎接挑战性的难题。30 年代他研究甾体,40 年代研究抗生素,以后是合成胰岛素和核糖核酸。他与同行或学生探讨甚至争论一些科学命题。他反对停滞的观点,勇于进取。因此当胰岛素合成后,他思索开展另一重要的生命基础物质——核酸化学的研究。经过国内有关科学家的集思广益,形成了"人工合成酵母丙氨酸转移核糖核酸"的课题。历经 13 年,前后上百人的艰苦研究,核酸合成的任务完成了。在欢庆这一成就时,汪猷发表了"无涯之知,世代之功"的文章,告诫他的同事、助手和学生"学无止境",不要满足于已得之功,揭开自然科学的奥秘需要世世代代不懈努力。汪猷身体力行,尽管当时他已过古稀之年,仍壮心不已,继续去攻克新的科学堡垒,1985 年和 1986 年他组织人力开展了两项在国内尚属空白和尚无系统研究的重要学科——生物合成和模拟酶化学,至今已陆续发表多篇论文,取得了可喜成果。

是机遇把汪猷推上了生物有机化学一流的宝座吗?是,又不完全是,因为机遇只光顾有准备的头脑。正是汪猷坚持不懈的勤学苦读与发愤工作,才使他一步步登上化学科学的顶峰。

"中国光学之父"王大珩

有人说,20世纪是电子的世纪,而21世纪则是光学的世纪。中国光学事业从无到有,如今已开始走上产业化的道路,其中浸透了一位老人毕生的心血,他就是我国现代国防光学技术及光学工程的开拓者和奠基人之一——王大珩。

"珩"字在辞典上有这样两种解释:一是形状像古代乐器磬的玉佩上面的横玉;二是珩磨,一种精密仪器的光整加工方法。不论王大珩的父亲当初为儿子起名的主观意愿是什么,"珩"字的这两种互不相关的含义已同时融入了他的生命之中。

1948年,满怀科技强国的梦想,王大珩从国外回到祖国。新中国成立之初,应用光学在我国几乎一片空白,但是如果没有光学,没有光学玻璃,就无法研制出高水平的精密测量设备,国家国防力量的增强也就无从谈起。1951年,经钱三强推荐,中国科学院决定让王大珩负责筹建仪器馆的工作,新中国的光学事业从此起步。"在旧中国留下的废墟上,寻找不到一处可以完全利用的基础,中国几乎就没有应用光学!"但对王大珩说,"没有"是最令他兴奋的现实,因为"没有",他才有可能得到一个新的发展空间;因为"没有",他才有可能从事一项具有开创意义的新事业。他完全就是冲着"没有"这两个字来的。如果中国"有",他就不会百折不挠地回国了。无论如何,他是绝不会因为"没有"而退却的。从此,王大珩开始了一生的追求——发展祖国的应用光学事业。

王大珩"一生的追求"是从 1400 万斤小米开始的。这是他当时所有的经费。1952 年,仪器馆在长春建立,后改名为长春光学精密机械研究所,他被任命为代理馆长、所长。此时国家急需大量科学仪器,但当时国内想制造光学精密科学仪器却拿不出制造它的材料——光学玻璃。他带领大家没日没夜地从零做起。

1953 年 12 月,中国第一炉光学玻璃熔制成功,结束了中国没有光学玻璃制造能力的历史,也为新中国光学事业的发展揭开了序幕。之后,在王大珩的带领下,长春光机所在建所不到 6 年的时间里,相继研制出我国第一台电子显微镜、第一台高温金相显微镜等一大批高水平的光学仪器,史称"八大件一个汤"。

王大珩靠着自己的辛勤劳动和勇于创新的精神,改变了新中国光学领域一片空白的局面,奠定了我国国产精密光学仪器的基础,轰动了全国科技界。

后来的"150 工程"和"863 计划"等同样也饱含着王大珩的汗水与心血,凝聚着他所付出的辛勤劳动。他一次次不畏艰难,担当起国防光学工程的领航人,让中国的光学与应用光学研究、光学技术与光学工程开发从无到有,不断发展与提高,不愧为"中国光学之父"。

"稀土之父"徐光宪

如果没有稀土，世界将会怎样？我们每天看的电视，其鲜艳的红色就来自于稀土元素铕和钇；外出携带的照相机，镜头里就有稀土镧；天天使用的手机、计算机中也有稀土元素……有资料显示，当今世界每5项发明专利中便有1项和稀土有关。稀土在我们的生活中无处不在，可它的元素分离利用并不轻松，徐光宪为此奉献了整整一辈子的光阴。

1920年，徐光宪出生在浙江绍兴一个还算殷实的家庭，父亲徐宜况曾是律师，他名字中的"宪"便取意于宪法。父亲精通《九章算术》，教他解"鸡兔同笼"，和他下围棋，开启了徐光宪对数理化的兴趣。母亲陈氏是传统的中国妇女，虽目不识丁，但教子甚严，自幼告诫他："家有良田千顷，不如一技在身。"这句话，徐光宪铭记至今。在这样的家庭熏陶之下，小学时的徐光宪就以勤奋刻苦著称乡里。即使在兵荒马乱的年代，他也从未放弃学业。16岁时，父亲病逝，家道中落，为了早日工作养家，徐光宪考入杭州高级工业职业学校，后因战乱转学至宁波高工，在乡下一所破庙里继续学业。靠着白天听课、晚上借路灯"秉烛夜读"的劲头，他啃完了几厚本大学英文教材。毕业后，他在上海一户人家做家庭教师，利用闲暇时间去附近大学"蹭课"，终于考取上海交通大学。留校任助教的他比学生更用功，将亚瑟·诺伊斯《化学原理》中的498道习题和鲍林《量子力学导论》中的习题全部做了一遍。历经家道中落、战火四起、流落异乡等磨难,他始终保持着"苦读书"的执着与热情。

大学毕业一年后,他借钱自费到美国华盛顿大学读研究生,又以两门功课满分的成绩考入哥伦比亚大学攻读博士学位,主修量子化学。仅两年零八个月,徐光宪就获得了博士学位,迎来学术生涯的第一个高峰。为了参与新中国建设,徐光宪和妻子高小霞谢绝了导师的挽留,冲破重重阻力,毅然归国。回国后,徐光宪夫妇双双到北京大学任教。

1972 年,北大化学系接受了一项军工任务——分离镨钕,纯度要求很高。刚刚回到化学系的徐光宪成了这一研究的领军人物。这两种元素比孪生兄弟还像,结构相近、化学性质相似,分离十分困难。徐光宪和他的团队查走，脑海里还在想着刚才的问题，等骑到目的地一看，竟然又回到了办公室！值班的人一见他这个样子，只好护送他回家。

1960年，他们走到了一个关键之处，要寻找制造原子弹的一个关键参数。当年苏联专家曾给过一个参数，严谨的理论小组没有轻易使用这个数值。他们经过上万次推算的结果与苏联专家的爆炸参数相差一倍。计算用的纸装进麻袋，堆满了几个仓库。经过理论小组反复地计算核查，邓稼先意识到，苏联专家给出的参数只是他们随口一说。为了演算这个数据，邓稼先带着研究员一日三班倒。算一次，要一个多月，算九次，要花费一年多时间，又请物理学家粗估参数，确定是否正确，为此大家常常要工作到天亮。每当过度疲劳、思维中断时，邓稼先就着急地说："唉，一个太阳不够用呀！"在邓稼先的带领下，一个个秘密终于被揭开，关键性的参数被确定，数学家华罗庚说这是"集世界数学难题之大成"。1963年，邓稼先在原子弹总体设计上庄严地签上自己的名字，这年他才39岁。1964年10月16日，中国第一颗原子弹顺利地在沙漠腹地炸响，这一天被历史铭记。但是，邓稼先等人前进的脚步没有就此打住，他们继续驻守在大漠深处，开始了新的征程。1967年6月17日，中国第一颗氢弹又在罗布泊上空爆响。从原子弹到氢弹，法国用了8年、美国用了7年、苏联用了4年，中国仅仅用了两年零八个月。

1986年7月29日，邓稼先因长期遭受放射性钚的辐射导致全身大出血而与世长辞，这年他才62岁。我们应该永远记住这个名字——邓稼先，是他用毕生的学识和辛勤，让一朵蘑菇云升腾而起，如一把利剑啸出了中华民族复兴的强音！

戏曲家新凤霞

有句老话说："吃戏饭,拼命干!"这是新凤霞从 6 岁开始就深知的道理。台上练戏,台下练心;台上的戏深,台下心有准;台上做戏,台下做人;台上唱好戏,台下好脾气。这是前辈艺人留下的箴言,也是新凤霞演戏、做人的准则。

新凤霞是在童年时期随"姐"杨金香开始学习京剧的。那时家里穷,小凤霞为了挑起家里的重担,养活父母弟妹们,立志要学好戏、当个好演员。

为了学戏,她天天去二伯父家跟一位武功老师练毯子功,撕腿、下腰、拿顶、练三箍。头箍是用带子吊上眉毛,二箍是腰上扎紧板带,三箍是绑跷、小木脚,也叫踩寸子。这三箍哪一箍都勒得人很是难受,但这三箍是那时戏曲演员一开始就要练的功夫,每天都要打上,晚上睡觉也要打好。还有撕腿,新凤霞躺在地上被老师撕压腿时,痛得眼泪直流,头发都湿了,可她一声不吭。下腰也是开始学戏很重要的功夫,双手着地翻,同样没有让新凤霞少受罪。但当她一想到唱戏能成角儿,能够养活家人,再苦她都能忍受。有了熬头,自然也就长了信心。

学戏练功本就是苦活儿,加上姐姐从小就对新凤霞非常严格,因此学戏练功让她吃了比别的孩子更多的苦。三九天,滴水成冰,姐姐向院里泼水冻成冰,叫新凤霞脱下棉袄在冰上跑圆场,姐姐不叫停便不能停下来,新凤霞跑得满头大汗,周身湿透!到了三伏天,姐姐又叫新凤霞穿上很多衣服跑圆场,这是要让新凤霞练出"冬不怕冷,夏不怕热"的功夫,培养坚忍的意志。

除了姐姐的严格教导,新凤霞对自己的要求也十分严格,学戏练功非常勤奋刻苦。冬天太阳还没出来,她就跑到墙子河、八里台喊嗓子,冻得脚、手、脸上都是紫泡,最后淌黄水成了冻疮,烂得红肿化脓发炎。手冻出了血口子也坚持练功,脚冻得流水就绑上木跷练功。即使痛得如火烧一般,新凤霞也不皱一下眉头。新凤霞深知,要想人前显贵,就得背后受罪。

工夫不负有心人。新凤霞15岁即开始担任主演,从此她的演艺事业蒸蒸日上。新凤霞一生主演过大量的剧目,并且广受好评。《刘巧儿》是新凤霞青年时代主演的一出在全国产生重大影响的剧目,取得了令人瞩目的艺术成就。

她后来主演了《杨乃武与小白菜》《凤还巢》《花为媒》《杨三姐告状》等几十出剧目。她所塑造的刘巧儿、祥林嫂、小白菜等一系列的艺术形象为评剧画廊增添了一幅幅绚丽多彩的画卷,为后人留下了宝贵的艺术遗产。

1957年,新凤霞被错划为"右派",后来在"文革"中被剥夺了做演员的权利。这对她的身心是巨大的摧残。

1975年,她因脑血栓发病导致偏瘫,不得不告别评剧舞台。1979年终得平反,十一届三中全会以后,她以惊人的毅力,挺起她那受过伤害的身体,迈着蹒跚的步伐,又一次向新的艺术领域开拓进取。新凤霞用她那唯一行动自如的右手,以她那坎坷的一生及丰富的阅历,克服常人不可想象的困难,辛勤耕耘,创作出版了《新凤

霞回忆文丛》四卷、《人缘》《评剧皇后与作家丈夫》《舞台上下》等共约四百万字的文学著作。

新凤霞除了著书立说，还不忘讲学授艺。她拖着沉重的身体，坐在轮椅上给她的弟子、学生说戏，示范演唱，克服行动的不便多次到剧场观看学生的演出，指导和提携后辈。谷文月、刘秀荣、王曼玲、赵三凤、戴月琴、高闯等一大批弟子在她的谆谆教诲与无私帮助下脱颖而出，成为光大新派艺术的优秀传人。

新凤霞桃李满天下，是我国戏曲界拥有众多子弟传人的功绩卓越的戏曲教育家，1997 年荣获美国纽约美华艺术学会颁发的华人艺术家终身成就奖。

"杂交水稻之父"袁隆平

袁隆平为世界创造了一个"绿色神话",他的成功并不是靠他的官宦家世,而是靠他勤勤恳恳、踏踏实实的性格,靠他勇于克服一切困难、坚忍不拔的精神。为了祖国,为了杂交水稻之梦,他携手爱妻邓哲,几十年风里雨里,几十年阳光暴晒,那古铜色的皮肤似乎是对他一生勤苦追梦的至高无上的表彰,在阳光下映射出让世人炫目的光辉。

袁隆平出生于一个官宦家庭,是实实在在的城里人,良好的家境使他可以无忧无虑地度过幸福的童年。在国家经济困难、春荒席卷中国大地的时候,他毅然放弃了日后走"学而优则仕"的安逸道路,立志成为一个农业科学家。袁隆平在高考报考时没有选择父亲中意的南京中山大学,而是报考了重庆相辉学院农学院,并在大学毕业时放弃了留在重庆农业科研单位的机会,选择了去湖南省最偏僻的湘西安江农校做一名教师。从此,袁隆平用他那拉得一手动听小提琴的手,拿起了粉笔,举起了锄头,更握住了田间一穗穗的苗株,这一握便是一辈子。这一切只为了一个梦:让这个世界不再有饥饿……

20世纪60年代初期,中国处于饥荒年代。连续三年的自然灾害,加上政策失误,全国出现了饥荒。在那饥荒的年代里,袁隆平目睹了那惨痛的一幕,那一段凝固的历史成为他前进道路上的动力。于是,他向威胁着人类的"饥饿恶魔"发起了挑战!在长期的研究中，一个偶然的机会，他发现了一株"鹤立鸡群"的稻株，由此灵感一现，萌生了培养杂交水稻的念头。然而袁隆平的设想与传统的经典遗传学相悖，许多权威学者认为他是蚍蜉撼大树，根本不可能成功，但他凭着颠覆世界权威的胆识，下定决心要将自己的想法坚持到底，从而踏上了一条崎岖的探索之路。

杂交水稻科研工作的这张图纸，由袁隆平首创性地绘制出来了。然而，这时的袁隆平面对的是一片荒原，他只得利用业余时间开始向这片荒原进军。他的助手只有一人，那就是他的爱妻邓哲。按照袁隆平的理论方案，要在自然界找到天然的雄性不育株，作为培育雄性不育系的试验材料。这种天然不育株生长在何处？其形态如何？这一切对袁隆平来说，都是未知数。

1964年夏，是早稻吐穗扬花的季节，也是采集雄性不育系试验材料的最佳季节。袁隆平牵着爱妻邓哲的手，追寻着真理之光，扑进了水稻的世界，开始了一场人与自然的较量。

6月下旬，是湖南最炎热的月份。正午火辣辣的太阳当空高悬，似乎要把大地烤化，整个世界一片寂静，所有人都在午休，连耕作在田里的农民也躲在树荫下纳凉。可是每天这时候，袁隆平都会准时到达田里，开始寻找雄性不育株。袁隆平也不是铁打的身躯，同样怕热，可是他认定观察稻花在强光下效果最好，所以，他每天中午头顶烈日，准时走进茫茫稻海，寻找天然雄性不育株。

袁隆平赤裸着上身，下身穿了一条短裤，沿着田垄一行行地寻觅。他拿着放大镜认真地观察着那朵朵开放的颖花，仔细观察芬芳的花蕊，寻找有利的讯息。毒辣的太阳下，汗水止不住地从他的脸上、背上、胸膛汩汩地冒出来，沿着那凹凸不平的胸部、根根分明的肋骨，一滴滴，一串串在他身上汇成一条条小河。可是他擦把脸，依旧不管不顾地接着找。为了不浪费这么好的日照条件，田间的蚊子和瞎虻叮在身上，他也顾不得分神去打一下。

稻田地就像一个闷热的火炉，袁隆平的汗水流了一层又一层，在背上结上一层盐霜，皮肤晒得黑得透亮。他艰辛的劳作，连常年扎在水田里不怕吃苦的农民都自叹不如。

在树荫下纳凉的农民兄弟看着袁隆平如此辛苦地工作，忍不住大声喊："大热天的，会中暑的，袁老师，过来休息一下吧！"袁隆平冲着他们远远地点点头，接着又埋头工作了。

第一天过去了，雄性不育株毫无踪影。

第二天过去了,依旧两手空空。

第三天过去了,还是一无所获。

……

已经是第十三天了,可是,那让他惊喜的一幕仍旧没有出现。眼看扬花季节就要过了,如果到时候没有找到,只能等待下一年。"难道命运真的不给我一次机会?"想着想着袁隆平觉得非常疲倦,两腿发软,两眼直冒金星。他拖着疲惫的身躯好不容易走到田头的苦楝树下,身子一下子靠在苦楝树上,昏厥了……

醒来时,他见自己躺在妻子怀里,妻子正在喂他喝"十滴水"。

"你不要命了,这大热天的,铁打的人也得中暑啊!"妻子忍不住埋怨他。

"没关系,常有的事。命还是要的,这条命还要跟时间赛跑呢,再不抓紧,过几天扬花季节就要结束了。"袁隆平坚决地说。

很多农民兄弟都不解地问他:"你个大知识分子,月月有工资拿,每天讲讲课,做做试验多清闲啊。和农民一起吃这个苦,遭这个罪是为啥呢?"是啊,为什么呢?他们不知道,在袁隆平心中藏着一个造福全人类的梦想,让人类战胜饥饿的梦想。

从1964年六七月间到1965年六七月间,袁隆平和邓哲在安江农校四周的稻田里寻觅,大海捞针,先后在14万株正在扬花的稻穗里找到了6株培育杂交水稻所必需的雄性不育植株。成熟时,他们采收了第一代雄性不育植株的种子。这是他们用辛勤的汗水换来的珍贵资料啊!

寒来暑往,经过两载岁月的探索、试验和研究,雄性不育材料逐渐在他们眼中显出它的真面目来。满怀欣喜和希望的袁隆平兴奋地整理并完成第一篇论文——《水稻的雄性不孕性》,这是一个振奋人心的结论。杂交水稻优势利用如果成为可能,就将会给水稻生产带来大面积、大幅度的增产,在杂交水稻研究史上将具有划时代的意义。

"中国医师"庄仕华

他把所有的爱都贡献给了新疆这片艰苦而神奇的土地，把全部的精力和心血都倾注在了解除患者的病痛上。他是党的忠贞战士，是新疆人民生命的"守护神"，是各族群众心中的"和谐使者"。他，就是中国医师庄仕华。

从 18 岁入伍当卫生员起，庄仕华就立志做一名救死扶伤的好医生。1980 年，毕业于解放军第四军医大学的庄仕华回到新疆。他把群众的病痛当作自己的病痛，不辞辛劳，以赤诚奉献的态度为边远地区少数民族群众看病送药，带领医务人员翻雪山、越达坂，行程四十多万公里，巡诊三十八万多人次，被誉为各族群众健康的"吉祥鸟"。胆结石、肝包虫病是新疆的多发病。庄仕华带领他的四人小组，创造性地开展微创腹腔镜手术，探索出肝包虫内囊摘除、胃修补、胆总管探查等 27 项手术，其中 7 项填补国内空白。在近四十年的军旅生涯中，庄仕华先后成功为驻地患者实施胆囊切除手术五万多例，被群众亲切地称为"庄一刀"。可大家却不知道，美誉的背后，隐藏了庄仕华多少艰苦的探索和辛勤的汗水。

俗话说，"肝胆相照"，肝和胆是连在一起的，胆囊壁比纸还薄，手术时稍有偏差，就会伤及肝脏，引发大出血，危及病人生命，这对医生的注意力、手术的精细度都提出了极高的要求。为了减少患者的痛苦，降低手术的风险，庄仕华计划引进腹腔镜这一设备，但腹腔镜下切除胆结石这项技术对医生的医术提出了更高的要求，许

多医院都非常谨慎,不敢将之用于临床。为了熟练掌握这个本领,庄仕华可谓绞尽了脑汁。最终,他找来了葡萄打算先拿葡萄"开刀"。新疆的葡萄肉嫩、皮薄、水分又大,剥葡萄的手法接近于肝胆手术。他找来空药箱,把一侧箱壁剪掉,在箱子上方打四个孔,放在穿衣镜前面,然后把葡萄一颗颗放在箱子里;右手拿分离钳,左手拿胆囊牵拉钳,从孔中插入纸箱,眼睛盯着面前的镜子,开始了剥皮练习。

庄仕华在镜子前一站就是 4 个小时,直到汗流浃背,手臂酸麻。用长长的钳子剥葡萄皮,还是盯着镜子里的成像练习,难度可想而知。4 个小时过去了,他一颗都没剥好。打那以后,他每天下班都拎着一串葡萄回来。一天,两天,一个月,两个月……工夫不负有心人,庄仕华终于完整无损地剥离了第一片葡萄皮!可他并不满足于剥葡萄皮,又开始在动物肝脏中练习胆囊剥离术。那段日子,他们家天天吃的都是动物肝脏。"到现在一提起动物肝脏,全家人都倒胃口。"庄仕华的妻子如是说。就这样反复练习,庄仕华终于在腹腔镜下成功进行了第一例胆结石手术。

庄仕华常说:"熟能生巧。"只要有空闲,他就会拿起缝合线、止血钳等工具,见缝插针地利用零碎时间练习结扎、止血等技术动作。有人对此十分不解:"你都功成名就了,何苦把自己搞得这么累!"庄仕华却说:"医术无止境。对自己严格要求,对技术精益求精,才是对患者负责。"

庄仕华一直把雷锋当作自己的学习榜样,他说:"要像雷锋一样'干一行爱一行',要用精湛的医术、认真的态度、勤奋的精神服务于人民。"

"时代先锋"方永刚

渤海湾的晨曦映着一个攀登的身影。

2007年1月15日,海军大连舰艇学院教授方永刚来到政治系教学楼,讲授本学年的最后一课——"新世纪新阶段我军历史使命"。

学生们早早地等候在门口。迎着他们的目光,身患癌症的方永刚走上讲台,还是那么精神焕发,还是那么声如洪钟。

"今天我给你们上课,感觉很幸福……"方永刚的最后一句话,淹没在一片掌声中。

在学生们的记忆里,将永远定格这么一幕:教学楼前110级台阶的陡坡,他们的方教授竭尽全力,一步一步向上攀登……

1963年4月,方永刚出生于辽西一个有7个孩子的农家,贫穷几乎是他童年的全部记忆。1981年,方永刚以优异的成绩考入了复旦大学历史系。1985年大学毕业,方永刚参军到位于大连的海军政治学院(现海军大连舰艇学院政治系),成为了一名政治教员。

方永刚深深地爱着三尺讲台。每次讲课之前,方永刚先提三个要求:准备一杯白开水——润嗓,一条干毛巾——擦汗,告诉他听众的年龄、文化、职业构成——好思考使用什么样的语言。他说:"我们每个人来到世界上都有推脱不掉的使命,我的使命,就是为我的学生和听众讲好每一堂课。"他年均完成教学任务200%,累计为官兵和干部群众作报告1000多场,撰写论文100多篇……十多年来，方永刚就是以这样的节奏，为他的学生、听众和读者孜孜不倦地传授着、解答着。

辛勤的付出换来了事业上丰硕的成果。他成为学院政治系教授和硕士生导师，还是辽宁省国防教育讲师团成员、沈阳军区联勤部客座教授、大连市讲师团成员……讲学任务繁重，但他乐此不疲。

长年的工作使他积劳成疾，腹痛了很久，人也消瘦了许多。2006 年 11 月 8 日，经医院检查他已患结肠癌晚期。医院高医生从方永刚腹腔抽出了 4000 毫升积水，这相当于八斤重婴儿的分量。高医生很震惊：这种情况，一般发病一年半，有症状半年，他自己怎么能毫无觉察？很快，高医生就明白了。在医院里，不明病情的方教授缠着医生："我可以出院了吧，学生还等着我呢。"在麻醉前，他跟医生讨价还价："少用点麻醉，我是从事政治理论研究的教员，需要清醒的大脑。"他叮嘱医院的张干事："以前太忙，现在我有时间了，你们想搞什么教育，我马上上讲台。"高医生释然：方永刚心里全装着事业呐！医院干三科的吴主任担当了跟方教授交代病情的重任。这是医生最为难的时刻，因为一般病人会烦躁、会吃不下饭、会哭。而明白病情后，方永刚却很平静："我已猜到了，你们放心。我会好好配合，我要早点儿好起来回去上课呢。"吴主任后来一直注意观察，方永刚照样情绪饱满，他读书、看报、写提纲，就连病房进行紫外线消毒的当口儿，他都要拿本书到外面看。从医三十多年来，吴主任还是第一次遇到这样的病人。

11 月 24 日，大连舰艇学院院长刘新华将军来到病房，为方永刚送来了证书和奖状：两天前，学校举行总政治部政治理论奖颁奖

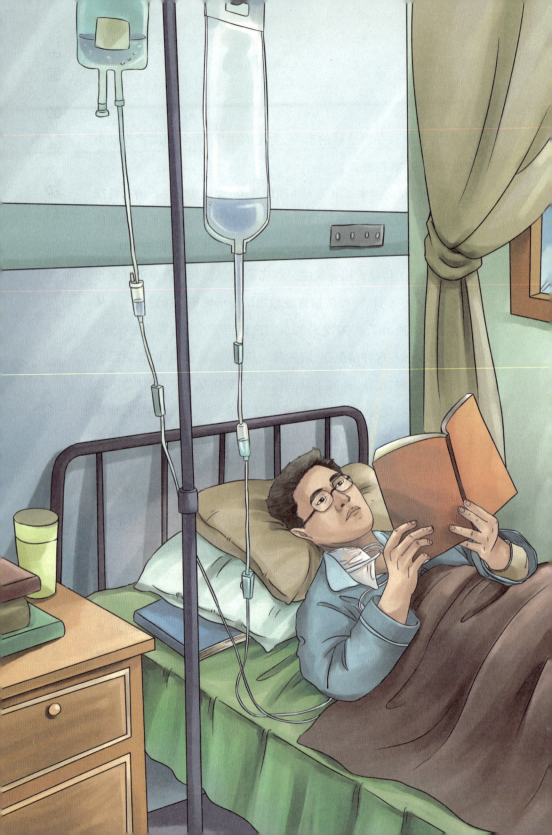

仪式,方永刚独得一等奖、三等奖两个奖项。刘院长请求医护人员:"方教授是我们的好老师,拜托你们了!"医护人员回答:"您放心,我们已经是老朋友啦!"

岂止是朋友,方永刚简直是把课堂搬进了医院。他不光在病床上给自己的研究生辅导功课,还把医生、护士都"发展"成了自己的学生。

2007年1月15日上午,在第二次和第三次化疗的间隙,经过再三的请求,方永刚终于实现了自己再站在讲台上的愿望,为政治系学员3队上本学期的最后一节课。为此,他特地理了并不长的头发,因为"理个发更精神一点儿,不希望把病态带到课堂上去"。上课铃响,一个庄严的军礼之后,方永刚的开场白只有一句话:"我一直惦记大家的这门课,心里总是放不下,只要我还能站着,就要为大家讲一课。这是我的使命。"学员们眼里泛出了泪花,大家默默地望着消瘦的教授,俄顷,掌声雷动。

下课后,方永刚说了句:"祝你们成功!"然后他在一位年轻士官的搀扶下,头也不回地离开了教室。他的背影定格在悠长的走廊中。

方永刚始终抱定了这样一个信念:不管癌症是中期还是晚期,他研究传播党的创新理论没有限期。待到春暖花开之时,他还会重返讲台。

44年来,方永刚就是这样,以坚强乐观、勤奋向上的精神冲破了人生旅途中的一个个关坎。他的精神感染了身边的每一个人,他用生命的激情诠释了一名军校教员的敬业奉献精神和高尚的师德师风。

"铁榔头"郎平

郎平,一个曾经叱咤世界排坛的体坛精英,她所创造的辉煌成绩曾让国人为之振奋,她的故事曾激励了一代人的成长。作为球员,郎平的职业生涯用"辉煌"二字形容毫不夸张,而这一切成绩的取得却全源自她的勤学苦练。

郎平出生于 1960 年 12 月 10 日,那是一个寒冻大地的冬日。由于自然灾害等诸多因素的影响,"大家"与"小家"的经济条件都很差。襁褓时期的郎平身体虚弱,母亲常用小米粥来补充她的营养需求,没有给过她特别的优待。对于这段生活,她的母亲坦然地认为:"那时的生活就是那样,没什么值得奇怪的。"母亲这种以平和的心态对待艰苦生活的思想,对郎平日后的成长影响颇深。

郎平的父亲是个体育迷,一有机会,他就带着女儿到住家附近的北京工人体育馆去看比赛。父亲对体育的酷爱影响着郎平。在郎平少年时代的记忆里,排球给她留下了美好的印象。

随着岁月的改变,郎平的个头儿越长越高了,站在同龄人当中,犹如"鹤立鸡群",非常突出。

1973 年 4 月里的一个周末,这是郎平值得记忆的一个日子。北京工人体育场业余体校排球班的老师来学校挑选队员了。已升入小学六年级的郎平因身高而被选中去参加测试,这消息使她的心头掠过一阵喜悦。

星期天,风和日丽。郎平和几个同学结伴来到了体校,这里聚

集了许多前来测试的学生。实测内容有弹跳摸球、速跑等项目。郎平真希望自己能够测试合格，这对她来说将是一件多么快活的事情啊！经过严格的测试和选拔，身高 1.69 米的郎平果然榜上有名。

从这一天起，排球闯进了她的生活，与她结下了不解之缘。

排球班的训练从 6 月份开始，一直练到了骄阳似火的 8 月份。起初训练的内容还让人感到比较轻松，可后来难度不断加大。在与排球最初接触的日子里，郎平经受了体质与意志的考验。一些队员产生了畏难情绪，甚至败下阵来。特别是当初与郎平一块参加训练的同班同学小陈，也已不练了。她对郎平说："虽说咱俩在学校里都酷爱体育，可这么大运动量的训练，我可从没经历过。我父母可不愿意让我受这份罪，每天累得什么似的，他们可心疼了。"

在以后的时间里，郎平都是独自一人去体校。枯燥、乏味、艰苦的训练也曾使她产生过动摇，可每当此时，她就想到父母的叮嘱："平平，吃点儿苦算什么，你既然喜欢打排球，就不能半途而废。"

郎平始终不忘父母的鼓励，顽强地坚持下来了，并且凭着自身良好的条件和素质，凭着日常的勤学苦练和突飞猛进的球技，从短训班升到了长训班，成了北京工人体育场业余体校排球班的一名正式队员。

1974 年初，刚刚从北京东光路小学毕业的郎平，伴着纷纷扬扬的雪花，来到了北京朝阳中学(现北京陈经纶中学)。学校里有体操队、田径队、游泳队、足球队、篮球队、排球队、乒乓球队等多种运动队。郎平仍然对排球情有独钟，参加了排球队，参加训练时肯于摔打拼杀,弄得一身泥土也不在乎。她比一般女孩子能吃苦,没有一点儿娇气。有时练接球练得两臂红肿,她仍能咬牙坚持。无论怎样练,她都从无怨言。郎平脚上的鞋几乎是一个月穿破一双。同学们常开玩笑说:"郎平,你的球鞋又露脚指头了。"她不在乎别人怎样评论自己的衣着,只在乎能不能打好球。

郎平的淳朴、勤奋和执着越来越鲜明地表现出来,她迈向成功的步子也越来越坚实了。1978 年,郎平参加全国排球甲级队联赛,崭露头角,被袁伟民教练看中,进了国家队。经过刻苦训练,她成为"世界三大扣球手之一"。出色的高位拦网和落地开花的扣杀技术,让世人为之惊叹。

从叱咤排坛的"铁榔头"到倍受尊重的"郎教练",从世界级优秀名将到世界级优秀名帅,郎平对排球的付出和驾驭能力是非凡的,她就是为排球而生的。

乒坛皇后邓亚萍

　　无论是叱咤乒坛的"三贯皇后"，还是申奥时说着流利英语的运动员代表，邓亚萍靠着她勤奋刻苦的韧性、坚忍不拔的斗志和勇往直前的精神，实现了一个又一个的人生大满贯。

　　童年的邓亚萍，因为受父亲的影响，立志做一名优秀的运动员。但是她个子矮，手脚粗短，根本不符合体校的要求，体校的大门没能向她敞开。于是，年幼的邓亚萍跟父亲学起了乒乓球。父亲规定她每天在练完体能课后，必须还要做 100 个发球和接球的动作。邓亚萍虽然只有七八岁，但为了能使自己的球技更加熟练，基本功更加扎实，便在自己的腿上绑上了沙袋，而且把木拍换成了铁拍。

　　对一个孩子来说，这是多么难能可贵！这不但要使身体备受煎熬，心理方面也要承受巨大的压力。小小的她，每闪、展、腾、挪一步，都可以用举步维艰来形容！腿肿了，手掌磨破了，这都是家常便饭！但她从不叫苦，不喊累！

　　付出总有回报，10 岁的她在全国少年乒乓球比赛中获得团体和单打两项冠军，她终于如愿进入国家队。

　　进入国家队后，邓亚萍都是超额完成自己的训练任务，队里规定上午练到 11 时，她就给自己延长到 11 时 45 分；下午训练到 6时，她就练到 6 时 45 分或 7 时 45 分；封闭训练规定练到晚上 9 时，她练到 11 点多。邓亚萍为了训练经常误了吃饭，她就自己泡面吃。

　　在队里练习全台单面攻时，邓亚萍依旧往腿上绑沙袋，而且面对两位男陪练的左突右奔,一打就是两小时!在进行多球训练时,教练将球连珠炮似的打来,邓亚萍每次都是瞪大眼睛,一丝不苟地接球,一接就是一千多个。据教练张燮林统计,邓亚萍每天接球打球一万多个。每一节训练课下来,汗水都湿透了邓亚萍的衣服、鞋袜,有时甚至连地板也会浸湿一片。

长时间从事大运动量、高强度的训练,从颈到脚,邓亚萍身体很多部位都是伤病。为对付腰肌劳损,她不得不系上宽宽的护腰;膝关节脂肪垫肿、踝关节几乎长满了骨刺,平时只好忍着,实在痛得厉害了就打一针封闭;脚底磨出了血泡,就挑破它再裹上一层纱布接着练。就算是伤口感染,挤出脓血也要接着练。正是因为这样勤勉执着地训练,使得邓亚萍如愿以偿地得到了事业上的大满贯。

如果亚运会、世乒赛和奥运会的冠军是邓亚萍乒乓球生涯的大满贯,那么在清华获得学士学位、诺丁汉大学硕士毕业和取得剑桥博士,就是她要完成的另一项大满贯。

邓亚萍回忆说:"1996年底,我被萨老提名为国际奥委会运动员委员会委员。我明白,这既是国际奥委会的重用和信任,也是一次严峻的挑战。奥委会的办公语言是英语和法语。然而,这时我的英语基础几乎是零,法语也是一窍不通。面对如此重要的工作岗位和自己外语水平的反差,我心里急得火上房。"

1996年亚特兰大奥运会结束后,邓亚萍以英语专业本科生的身份初进清华时,她的英文几乎是一张白纸,既没有英文的底子,更别说有口语交流的能力。

"怀着兴奋而又忐忑的心情迈进清华大学。老师想看看我的水平——让我写出 26 个英文字母看看。我费了一阵心思总算写了出来，看着一会儿大写、一会儿小写的字母，我有些难为情——老师，就这个样子了。但请老师放心，我一定努力！上课时老师的讲述对我而言无异于天书，我只能尽力一字不漏地听着、记着，回到宿舍，再一点点翻字典，一点点硬啃硬记。我给自己制订了学习计划：一切从零开始，坚持三个第一——从课本第一页学起，从第一个字母、第一个单词背起；一天必须保证 14 个小时的学习时间，每天早上 5 点准时起床，读音标、背单词、练听力，直到正式上课；晚上整理讲义，温习功课，直到深夜 12 点。"由于全身心地投入学习，邓亚萍几乎完全取消了与朋友的聚会及无关紧要的社会活动，就连给父母打电话的次数也大大减少。为了提高自己的听力和会话能力，她除了定期光顾语音室，还买来多功能复读机。由于总是一边听磁带，一边跟着读，同学们总是跟她开玩笑："亚萍，你成天读个不停，当心嘴唇磨出茧子呀！""但我相信：没有超人的付出，就不会有超人的成绩。这也是我多年闯荡赛场的切身体验。"

学习是紧张的，每天的课程都排得满满的。除学习之外，邓亚萍每周还要三次往返几十里路到国家队训练基地进行训练，疲劳程度可想而知。

"每天清晨起床时,我都会发现枕头上有许多头发,梳头的时候也会有不少头发脱落下来。对此我并不太在意,倒是教练和队友见到我十分惊讶:'小邓,你怎么了?'我说:'没什么,可能是学习的用脑和打球的用脑不一样吧。'虽然都是一个'苦'字,但此时的我却有不一样的感受:以前当运动员,训练累得实在动不了,只要一听到加油声,一咬牙,挺过来了;遇到了难题、关坎,教练一点拨,通了;比赛遇到困难,观众一阵吼声,劲头上来了,转危为安。但读书呢,常常要一个人孤零零面壁苦思,那种清苦、孤独是另一种折磨,没意志、没恒心是坚持不下去的。"

为了更快地掌握英语,几位英语老师建议邓亚萍到国外去学习一段时间,在他们的热心帮助下,1998年初,刚在清华读了几个月的邓亚萍作为交换生被送到英国剑桥大学突击英语。要想在剑桥这个精英云集的学府里站得住、学得好,邓亚萍更是加倍拼搏。由于长时间埋头苦学,诱发了邓亚萍的颈椎病,头不能移动,一动就疼得钻心。但疼痛并没有把她征服,她咬紧牙关,仍然坚持查阅资料和写作。邓亚萍就是凭着这样一股勤奋劲儿获得了她学业上的又一个大满贯——清华学士学位、诺丁汉大学硕士学位和剑桥的博士学位。

"一分耕耘,一分收获。"没有这份勤奋刻苦的韧性、坚忍不拔的毅力和勇于挑战的精神,也就没有乒坛皇后邓亚萍。

"枪王"何祥美

2009 年,有这样一位普通士兵,凭借自己的勤学苦练,凭借精湛的枪法而名噪中国军队。他就是有着"枪王"称号的南京军区某部士兵何祥美。

何祥美,1981 年出生,个头不高但粗壮有力,古铜肤色,肌肉健美,敦实憨厚,眼神像鹰,寡言少语,是一名"用子弹说话"的"一号狙击手"。

1999 年年底,18 岁的何祥美走出群山环抱的江西老家,入伍来到南京军区某部。当兵第六年,南京军区抽调了一批训练尖子组成狙击手集训班,何祥美幸运入选。刚进狙击班,他就立志要成为狙击手中的王者。但当时何祥美快速出枪射击的成绩只有 2 秒左右,而上级要求在 0.8 秒内完成一次速射。何祥美是全连出了名的"慢枪手"。如何才能成为"狙击手中的王者"?何祥美暗地告诉自己:勤能补拙。

他从端枪的稳定性练起,把圆石子、子弹壳放在枪管上,要求自己两小时不能掉,掉一次加练 10 分钟。识别目标训练,他坚持盯着手表秒针练,做到 5 分钟不眨眼,迎风迎光不流泪。无依托端枪定型训练,他趴在地上端枪、瞄准,一趴就是几个小时。坚硬的地面磨破了肘部,破了又好,好了又破,加上汗水浸泡,伤口化脓感染,血水、脓水凝固后粘住衣袖,疼痛难忍,每次脱衣服都要用热水把肘部泡一泡。有一次粘得太紧了,战友找来一把剪刀,把迷彩服的两个肘部各剪了一个洞。

为了强化手枪速射技能,何祥美的左手食指磨出了血泡,破了以后,他就用卫生胶带把食指包起来继续练。为了不影响手感,他一次只包一两层。不停地出枪、上膛、击发、收枪,包在食指上的胶带一会儿工夫就磨破了。破了再包,包了又破,6天用了5卷卫生胶带。虽然根根胶带沾满了血迹,但他的速射水平明显提高。部队考核时,他以0.58秒出枪"毙敌"的成绩,获得第一名。

除了魔鬼式的训练,何祥美深知,作为一名狙击手不仅要懂得如何射击,更要掌握射击原理。他凭着一股韧劲,啃下《射击学》《终极狙击手》等专业书籍,坚持常年阅读《轻兵器》《兵器知识》等杂志,并整理完成笔记三万余字,绘制各种图表六十多张,记录各种数据850组,打下了扎实的射击理论基础。

艰苦的训练和学习铸造出一个又一个奇迹:无论射程远近、目标大小,何祥美抬头一瞭,几秒钟内判定风向、风速,目测距离和高低角,误差接近于零;精通狙击步枪、匕首枪、微型冲锋枪等8种轻武器射击,在200米距离上指哪儿打哪儿,发发命中要害……过硬的本领使何祥美成为名副其实的"枪王"。

业务精熟,不忘理论学习。刚到部队时,何祥美只有初中文化水平,可他总能见缝插针地看书学习。部队训练的日子,他挤时间学习;周末、节假日则是他读书学习、写心得体会的绝佳时间;探亲休假,何祥美也不忘带上一些书。由于文化底子薄,何祥美在学习中时常会遇到难题,但他从不气馁、不退却,一遍看不懂就看两遍;实在看不懂就向懂行的战友请教。经过3年艰苦努力,他通过全军

法律专业自学考试的全部 15 门课程,拿到大专文凭。并在 2004 年通过了计算机等级考试,获得一级证书。

何祥美从来没有放弃过追求,当实现一个目标后,他又投入到一个新的目标。从"快枪王"到"空中猎鹰",再到"潜水蛙人",通过勤奋学习与艰苦训练,何祥美终于成为一名精通枪械、能够潜水并能在空中操纵新型装备的"三栖"战士。

有人问他:"你练一项精一项,有什么诀窍?"他说:"苦练就是我的绝招,成功往往产生于再坚持一下。"

"蓝领专家"孔祥瑞

俗话说:"三百六十行,行行出状元。"孔祥瑞就是在"蓝领"岗位上作出成就的一位码头工人。在他看来,只要努力钻研、勇于实践,工人同样有施展才华的空间。

孔祥瑞是一名只有初中文化程度的码头工人,却主持完成了技术创新200多项和9项技术革新项目,获得多项国家专利,为企业创效过亿元。"当代工人,只有有知识、有技能,才能有力量",这是孔祥瑞的座右铭。多年来,他坚持学习,坚持实践,坚持创新,从一名只有初中文化的码头工人成长为享誉全国的"蓝领专家"。

从设备日常"管、用、养、修"着手,挖掘现有设备的潜力,是孔祥瑞的成才之道。他细心观察门机司机的全部操作过程,认真剖析每一个环节,经过反复实验,将门机操作杆移动轨迹由"十"字形变为"星"形,形成了"门机主令器星形操作法",生产效率提高了15.8%,平均每天增加作业量480吨,他所负责的18台门机平均每台年作业量突破150万吨,达到全国港口最好水平。目前这一操作法被广泛运用到我国门机生产领域。

孔祥瑞每天都随身携带一个小本子,设备出现哪些故障、什么原因、修理过程、注意事项等都逐一记录下来。他的小本子上面密密麻麻记录着他发现的问题和解决问题的思路。为尽快掌握从国外引进设备的性能与操作技术,他每天把有关资料装在书包里,有空就背,背完再到设备前比对了解。天长日久,他练就了"听音断

病"的绝活儿，成为有名的"门机大王"和"排障能手"。

"喊破嗓子，不如干出样子"是孔祥瑞做人、做事的准则。他始终坚持边干边学，学以致用，也就是他常说的，把"死"知识变成"活"知识，把"活"知识变成真本事，用"小革新"解决"大问题"。2004年下半年，全国电煤告急。作为操作队队长，孔祥瑞整个夏天都没有休息，每天早来晚走，经常吃住在单位。在他的带动下，全队职工全力以赴提高设备运行效率和整体工作进度，有效地缓解了南方电煤紧张情况，受到交通部的表彰。2009年，孔祥瑞在调研的基础上，建议公司开展"煤炭破碎筛分"业务，并参与了设备选型、招投标、安装调试的全过程，公司当年实现收入6500万元，利润4000万元。2010年，煤码头公司为弥补散货取料机适应作业品种单一的缺陷，开发了小皮带机配煤工艺，但该工艺存在配煤皮带可能与取料机发生碰撞、造成取料机瘫痪的隐患，孔祥瑞就带领骨干进行攻关，最后在取料机走行门架的四个角加装了防碰拉线，有效地消除了隐患。

知识经济时代的产业工人，需要具备怎样的素质，以怎样的状态、怎样的方式在创造社会物质财富的同时，创造和实现自身的价值？孔祥瑞给我们提供了一个令人振奋和信服的答案——那就是用自己的辛勤、智慧与成就实现新时代知识型工人的价值。

"传奇院士"钟南山

在 2003 年抗击非典战役中,全中国人都记住了"钟南山"这个名字。他 71 岁,中共党员,中华医学会会长,广州医学院广州呼吸疾病研究所所长,教授,博士生导师,中国工程院院士。人们记住他不仅因为他辉煌的成就,更因为他传奇的人生。

钟南山从小生长在一个医药世家,父亲是我国著名儿科专家,母亲是广东省肿瘤医院创始人之一。耳濡目染,他渐渐对医学产生了兴趣。1955 年,年仅 19 岁的钟南山以优异成绩考入北京医学院医疗系,实现了从医理想的第一步。

1960 年,钟南山毕业后留校,之后开始从事放射医学教学。就在风华正茂的钟南山雄心勃勃,打算干出一番事业的时候,一场突如其来的浩劫打断了这一切。由于父母是医学专家,钟南山成了"走资派"的狗崽子、"反动学术权威"的后代,被发配去当锅炉工,每天要铲几千斤煤,在炉膛旁来回担煤几百趟。每个夜晚,当他想到自己就这样碌碌无为地活下去,想到无法在医学领域里实现自己最崇高的理想,内心就无比痛楚,彻夜难眠。于是,他决定离开北京,远离纷争的漩涡,回南方去当医生。1971 年底,钟南山只身来到广州第四人民医院,被安排到了医院急诊室,从最基本的事情干起。在这儿工作的大半年时间里,钟南山勤奋有加,光医疗工作笔记就记了四大本,在急诊方面已经差不多是个熟手了。八个月后,医院的医生这样评价钟南山:"他顶得上一个主治医生啦。"当他们说出这样的赞誉之语时,钟南山的体重已足足减了20斤!

1979年,钟南山通过国家外派学者资格考试,获得赴英国爱丁堡皇家医院留学两年的机会。尽管参加选拔考试时英语只考了52.5分,尽管到英国后一度被人瞧不起,但钟南山通过默默"下苦功",最终赢得了导师的尊敬,也学到了一生受用的知识和道理。尽管已是近30年前的往事,但留学英国的那段日子在钟南山脑海中依然历历在目。

动身前往英国那一天,正好是钟南山的43岁生日,当时国家百废待兴,为了节省经费,钟南山和其他留学生决定乘火车去英国。经过9天的长途跋涉,他们终于在1979年10月28日到达了伦敦。到英国后,首先遇到的就是语言问题。钟南山告诉记者:"为了学好英语,我下了很大的苦功。在头几个月时间里,我每天做完实验后,晚上都要用一个小时练习英语听力。我反复地听磁带,有泛听、也有精听,边听边写,写了几打笔记本以后,我的听力就好起来了。关键的听力解决后,其他就好办了。"

除了语言问题,钟南山在英国还遇到了一个更大的困难:按照英国当时的法律,中国的医生资格是不被承认的,所以他们不能单独为病人治病,只能以观察者的身份参加查房和实验。

在英国人眼中,当时的中国还是很落后的,就连钟南山的英国导师弗兰里教授也告诉他:"你根本不需要在英国待两年,你待八个月就可以了。"钟南山原本兴奋的心情被当头浇了盆冷水。"那天晚上,我彻夜难眠,心想:为了向英国教授证明自己的能力,我要进行'一氧化碳对人体影响'的研究。"为了取得第一手数据,他决定

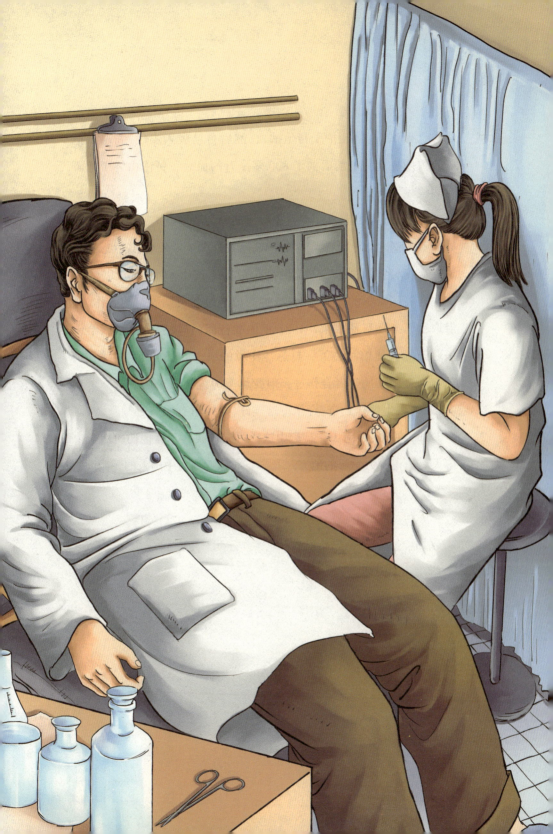

拿自己做试验:他让护士帮他抽血,然后自己吸入煤气,并逐渐把煤气浓度提高……前后抽了800多毫升的血后,钟南山终于把研究曲线做了出来。

这个实验不仅证实了弗兰里教授的一个演算公式,还发现其推导的不完整性。"导师看了非常高兴,问我打算干多久?我说:'您不是说只给我八个月时间吗?'他说:'不,你爱干到什么时候都可以。'"

在英国留学的两年时间里,钟南山通过与英国同行的合作,先后取得了6项科研成果。1981年他准备回国时,弗兰里教授给中国驻英国大使馆写去了一封热情洋溢的信:"在我的学术生涯中,曾与许多国家的学者合作过,但我坦率地说,从未遇到过一个学者,像钟医生这样勤奋,合作得这样好,这样卓有成效。"

那天晚上,钟南山在日记中这样写道:"我终于让他们明白了中国人有值得别人学习的地方。我第一次感觉到做中国人的骄傲。"

用双脚奏出音乐的刘伟

当袖管两空的刘伟走上舞台时,所有人都知道他要表演什么,但没人能想象他究竟要怎样用双脚弹奏钢琴。而当他坐到特制的琴凳上之后,优美的旋律从他的脚下流出,十个脚趾在琴键上灵活地跳跃着,全场陷入了一片安静。他用自己完美的表现很好地诠释了一个词——勤能补拙。

刘伟来自北京,出生于 1987 年。10 岁时,在一次捉迷藏游戏中不幸遭到电击,他从此失去双臂。

自那时起,无臂的他用双脚重新学习刷牙、洗脸、吃饭、穿衣、上网……虽然外观上跟其他人不一样,但刘伟并没有自暴自弃,反而更加努力,将歧视化成动力。

19 岁时,名列前茅的刘伟不顾母亲的反对,决定放弃高考,转而去学弹钢琴。母亲问他:"没有手怎么可以弹琴?"

他说:"没人规定弹琴一定要用手。"

母亲拗不过他的坚持,翌日便带他去音乐学院,却遭到了校长的直接拒绝:"我们要招正常的学生,还要选漂亮的。刘伟进我们学校只会影响校容。"刘伟笃定地回应:"谢谢你这么歧视我,迟早有一天我会让你看看。"

校长的话刺痛了他们母子,却让母亲的态度有了 180 度的改变。第二天,她向朋友借了钱,二话不说便给儿子买了一架钢琴。刘伟明白母亲的苦心,决心学好钢琴。

没有手怎么办?坚强的刘伟决定用脚。就这样,没有老师,没有人指导,单凭对音乐的满腔热忱,刘伟开始用脚自学弹琴,踏上了艰难的钢琴之旅。

经过九年的锻炼,刘伟的双脚已经如手一样灵活了,刷牙洗脸、写字画画、打电话、发短信、上网聊天,都应付自如。说到用脚弹琴,窍门在哪里?没有人告诉他,他就靠自己不断地摸索,在挫败中不断地学习。

梦想,似乎遥不可及。单就是在钢琴前坐下来,对刘伟来说就很有难度:琴椅要比钢琴矮很多,他坐下后屈起双脚,整个人就会往后仰,好几次差点摔下来;他以为换高一点儿的椅子可以解决问题,结果还是一样;他蜷曲着双腿,把脚轻轻地放在琴键上,却找不到落脚点,而且不到几分钟,腹部和双脚就会发麻、抽筋,有时脚放不稳,整个人都会倒在琴键上,真是惊险万分。

刘伟知道用脚学弹琴一定会遇上困难,但没想到就连将双脚放在琴键上都做不来。父母看了不忍心,就做了一个踏板放在钢琴前作为支撑点,让他可以借力,这样他就能轻松一些了。

接下来开始弹琴键,可是大脚趾的宽度比琴键要宽,一按下去就会碰到旁边的琴键。刘伟试着改变方法,弓起脚掌,窝着脚,用脚尖的侧面按下去,而这一下痛得很!但这样做起码能准确地弹到一个琴键,就算痛也要忍下去。

但问题又来了,刘伟不知道第一个音阶要按哪个键。看着面前的钢琴,他一脸茫然,根本无从下脚,连琴行的老师都无法教他指法。正常人用手弹琴,手指可以张开八度,而他用脚,充其量也只能撑到五度,而且力度控制和节奏都掌握不好,他觉得自己很糟糕!

但一想到自己曾受到的歧视,曾许下的诺言,一股强大的力量充溢他的全身,他决心要把脚练得像手一样灵活。他开始疯狂地练习,脚抽筋了,休息一会儿再练;这只脚起血泡了,用另一只脚再练。许多次之后,他才摸索到用脚趾弹琴的方法。他将勤补拙,坚持每天练习 7 小时以上,终于用脚制服了那 88 个琴键。

在无师自通的情况下,经过一年的刻苦练习,刘伟的弹琴技巧已达到七级水平,他还学习了音乐制作,希望可以考进中央音乐学院。

过程的辛苦并没有让他退缩,刘伟享受着每一个琴键的跳动,每一个音符弹奏出的悦耳旋律。一切的坚持,一切的艰苦都值得。2010 年 10 月,经过三个月六场的初赛和三场半的决赛,他踏上了《中国达人秀》的舞台,勇夺冠军,成为中国第一位音乐达人,用音乐证明了自己的价值。刘伟失去了双手,但他没有将厄运放大,反而看到自己还有一双脚;他没有自怨自艾,反而不屈不挠地为梦想奋斗。他在得奖的一刻这样说:"至少我还有完美的双腿!"他不执着于命运带来的不完美,依靠勤学苦练成就了美好的未来。

生命不息、奋斗不止的罗阳

2012 年 11 月 24 日，这是一个注定要写进中国航空史的日子——这一天，在全世界各种复杂目光的注视下，在全国人民的热切期盼中，我国第一架舰载机歼-15 在航母"辽宁舰"甲板上成功起降，实现了几代中国航空人的梦想，也实现了中国航空工业从陆地到海洋的跨越。而他本该是庆功宴上的功臣，却只能永远地缺席。他就是罗阳——中航工业沈阳飞机工业(集团)有限公司董事长、总经理，歼-15 舰载机研制现场总指挥。

就在舰载机成功起降我国首艘航母十几个小时后，在"辽宁舰"完成舰载机起降训练靠岸时，罗阳突发急性心肌梗死、心源性猝死，经抢救无效与世长辞，年仅 51 岁。

"现在想来，他是太累了。"11 月 29 日下午，刚刚送别了罗阳的沈飞集团党委副书记、副总经理徐晓明在接受记者采访时哽咽难语，"今年 8 月'辽宁舰'入列时，海外媒体都预计中国舰载机成功应用至少需要 1 年半时间，而我们仅用了两个多月就成功实现了最为关键的起降试验，创造了一个奇迹。而在此之前，我们还首飞了两个重要型号的飞机，这在我们沈飞的历史上都是绝无仅有的。"

奇迹的创造者，就是罗阳和他的同事们。研制航母舰载战斗机，中国是一张白纸、从零起步，关键技术外国人根本不卖给我们。罗阳下决心，说："我们自己干！外国人能干成的事，我们中国人同样能干成，而且还能干得更好！"

在研制过程中最艰难的是三次技术攻关。

第一次是制造折叠机翼。航母舰载机机翼必须能够折叠,而燃油、液压、操控各个系统都要通过折叠部分,无论机翼怎么折叠,这些系统都要能够正常工作,内部结构特别复杂,技术难度非常大。罗阳亲自点将,组建了折叠机翼研制攻关团队,进行技术突破和项目推进。他每天都要到工作现场,手里总是拿着两个本子,一个是所有攻坚项目进度表,另一个是密密麻麻的计算数据和他对技术难题的解决设想。大家开玩笑地说:"罗总是一手拿着催账单,一手拿着锦囊妙计。"

在罗总的带领下,折叠翼研制方案改了一遍又一遍,零部件做了一套又一套,一次次地从头做起,拔掉一颗颗技术上的"钉子",中国人终于为自己的舰载机插上了收放自如的灵活翅膀!

第二次是制造拦阻系统。拦阻钩是拦阻系统的关键部件。他们曾一度被这个拦阻钩给拦住了,连续几个月不间断研制,拦阻钩就是达不到设计要求,大家的精神都快崩溃了。罗阳说:"不就是个钩子吗,它拦不住我们!"他和大家一起,把可能影响产品达到设计要求的所有因素一项一项列出来,精度、尺寸、配合关系,不放过任何一个细节,不断调整研制思路和主攻方向,最终解决了这个难题。罗阳指着几十公斤重的拦阻钩,拍拍项目负责人的肩膀,笑着说:"这个小东西没问题了吧?只要我们摸准了它的脾气,它就会听我们的!"

在进行拦阻系统综合试验时,有个部件出现故障。有的同志认为,这只是一个偶然事件,更换新部件就行了。罗阳却说:"绝不能这么简单下结论,故障原因一定要查清楚,不能有一丝一毫含糊!"他连夜启动设计制造全过程普查,将普查结果进行对比分析,最后发现,故障并非偶然,原因在于对设计思想理解不到位,造成批次产品存在不确定因素,如果只是换换件,做简单处理,就会留下致命隐患。最后,这个部件重新研制,直至完全可靠。在那以后,试验中无论出现什么故障,大家都会想起罗阳说过的话,不把故障原因追查清楚决不罢休。

第三次是舰上起降试验。舰载机生产出来了,罗阳要求研制团队全过程参加起降试验。他说:"这好比我们的孩子,就要上考场了,我们一定要盯到底、跟到位,确保它的最佳状态。"他组织研制团队多次长时间到现场跟随飞机试训,详细了解飞机功能性能状况,针对试飞遇到的问题,研究改进技术。当他听飞行员说,操控油门杆有些不适,就马上组织调整,直到飞行员感觉最舒适为止。

2012 年 11 月 23 日,歼-15 飞机成功着舰、滑跃起飞! 大家欢呼雀跃,流下了喜悦的眼泪。